超预期

小米的产品设计及营销方法

陈润 著

中国华侨出版社

图书在版编目（CIP）数据

超预期 / 陈润著. —北京：中国华侨出版社，2014.12

ISBN 978-7-5113-5027-5

Ⅰ. ①超… Ⅱ. ①陈… Ⅲ. ①移动通信－电子工业－工业企业管理－经验－中国 Ⅳ. ①F426.63

中国版本图书馆CIP数据核字（2014）第274394号

超预期

著　　者：陈　润
出 版 人：方　鸣
责任编辑：落　羽
封面设计：红杉林文化
经　　销：新华书店
开　　本：710mm×1000mm　1/16　印张：15　字数：156千字
印　　刷：三河市人民印务有限公司
版　　次：2015年2月第1版　2015年2月第1次印刷
书　　号：ISBN 978-7-5113-5027-5
定　　价：36.00元

中国华侨出版社　北京市朝阳区静安里26号通成达大厦3层　邮编：100028
法律顾问：陈鹰律师事务所
发 行 部：（010）82068999　传真：（010）82069000
网　　址：www.oveaschin.com
E-mail：oveaschin@sina.com

序言

向小米学什么

一

小米狂飙突进的成长奇迹，即便在移动互联网时代，仍然令人难以置信。关于小米估值、销量、风险系数的怀疑和非议，自2010年4月6日公司创办以来从未平息，创始人雷军从最初愤然辩驳到如今泰然自若，四年风雨，成长是最好的回应。

在2014年7月22日的小米4发布会上，雷军公布过去三年各款手机的销量数据：小米1系列790万台，小米2系列1740万台，小米3系列1050万台，红米1800万台，红米Note356万台，总共销量5736万台。2014年8月5日，市场研究分析公司Canalys公布的数据显示，小米智能手机第二季度出货量为1500万台，与2013年同比增长240%，首次击败三星成为中国市场第一名。

早在2010年底，小米融资4100万美元，估值2.5亿美元。2011年10月，小米拿到9000万美元融资，估值达10亿美元。为实现这个目标，谷歌花了7年，Facebook（脸谱网）花了6年，而小米只用了1年半。到2013年8月，小米估值已达100亿美元。2014年，传闻小米估值达到三四百亿美元。千亿美金市值的目标，看起来只是时间问题。

理想正在照进现实。质疑声仍在，但越来越多的人开始或明或暗地研究并学习小米，“互联网思维”“雷军七字诀”“小米模式”“小米秘密”“参与感”……关于雷军和小米的话题在过去两年中被讨论得热火朝天，各种“真经”“宝典”“内部资料”层出不穷，然而，雷军一语惊醒梦中人：“现在不少人号称学小米，但大多还只是在模仿小米的某一方面。”

在2014年7月22日给全体员工的内部邮件中，雷军雄心万丈地写道：“我们靠硬件搭平台、靠互联网增值服务获取利润的商业模式到目前为止还是独树一帜，我们积累的互联网开发模式的经验和用户参与生态也非同行一朝一夕所能追赶。”不过，他留有余地：“没有不可复制的模式。”言外之意，小米方法可以复制，谁都可以学会。

雷军昔日的老对头、奇虎360董事长周鸿祎在2014年8月底也说过类似的话：“今天，几乎所有的手机厂商都建立了独立的互联网手机品牌，也试图模仿小米玩饥饿营销、粉丝文化。但我可以说，这些都是皮毛，是表象。”他不无得意地总结道：“我是很早就认识到小米手机的毁灭性的人。小米的模式其实特别简单，就是我经常讲的互联网硬件免费的概念。”

雷军说“只是在模仿某一方面”，周鸿祎说“都是皮毛，是表象”，如果小米方法可以复制，我们应该向小米学什么？

二

在创办小米之前，雷军已经在金山集团苦干16年，在互联网行业奋斗20年，经历诸多失败、挫折、自省后才顿悟：“只要站在风口上，猪都能够飞上天。”小米的成长路径，就是遵循“站在风口上”的胜利，而风口就是移动互联网。

2010年7月，在小米成立3个月之后，雷军自称“用手术刀将自己解剖了一遍”，得出五条体会：“第一条：懂得顺势而为，绝不要做逆天而动的事情；第二条：颠覆创新，用真正的互联网精神重新思考；第三条：人欲即天理；第四条：广结善缘；第五条：专注，少就是多。”后来他进一步总结为“专注、极致、口碑、快”的“七字诀”。

雷军的解读是：“专注”指的是只做一款产品，这是有自信的表现；“极致”是做到最后，做到别人达不到的高度；“口碑”的核心是超越消费者的预期，初期要低调；“快”指节奏和成长快，公司一旦慢下来，很多问题都会暴露出来。在“七字诀”中，“口碑”是核心。雷军说：“口碑的真谛是超预期，只有超预期的东西大家才会形成口碑。”所以小米的方向是打造“让用户尖叫”的口碑产品。

在推出手机之前，小米从100名热心粉丝开始做社区论坛，打造手机ROM产品 **MIUI**，并不断改进，成为中国口碑最好的手机ROM。后来又让资深粉丝试用手机，改进完善产品功能，更大范围地利用社交网络形成口碑。2013年，雷军在小米半年收入过百亿时总结出六大关键因素：电子商务的威力；社交媒体的威力；把手机当电脑做；发动群众运动做手机；粉丝经济；在中国的一个硅谷式创业故事。他说：“说得直白一点儿，小米销售的是参与感。”

2011年8月16日，在798艺术区举行的小米手机首发会上，雷军第一次提到“铁人三项”。他认为，在移动互联网时代，一家公司成功的标准是软件、硬件和移动互联网三种资源的高度匹配。小米要想从竞争激烈的移动互联网市场突围，就要打造硬件、软件和互联网服务一体化的“铁人三项”。

其实在公布“铁人三项”之前，雷军已完成战略布局。2010年8月16日深度定制Android移动系统**MIUI**，是为“软件”；当年11月推出“米聊”，完成“互联网服务”；2012年8月小米手机发布，“硬件”到位。“三位一体”的“铁人三项”战略，根本目标还是拉近用户距离，提高参与感。

所以，雷军将小米商业模式的本质总结为：向用户提供参与感，赢得用户参与到小米产品的完善和品牌的树立中来，共同成就一个前所未有的软件、硬件、互联网“铁人三项”公司。这是以互联网思维进行的规模空前的互联网众包模式。

在小米内部，也有一个类似于“铁人三项”的“管理三角”：扁平化、用户扭曲力场和产品的尖叫。小米组织架构基本只有三级：七个核心创始人——部门负责人——员工，团队不会太大，否则就会被拆分，而且如此扁平化的组织却不设KPI考核指标。用户扭曲力场就是雷军所说“相信米粉、依靠米粉，从米粉中来，到米粉中去”，小米始终把粉丝当作第一原动力。产品的尖叫与雷军对“口碑”的阐释基本相同。“管理三角”是小米战略执行的核心，三者互相促进、融合。

无论是“五条体会”“七字诀”还是“铁人三项”“管理三角”，小米战略落实到执行层面，可以总结为三大要点：粉丝文化的深度开发和经营；互联网精神和方法的极致表现；不断超越用户预期。最终落脚点是粉丝（用户），意义在于口碑和参与感。

不过，小米方法只是“术”，我们还要读懂小米之“道”。

三

在抽丝剥茧般剖析小米方法之后，战略内核与哲学思想呼之欲出：互联网思维。

据说，2002年百度创始人李彦宏最早提出“互联网思维”的概念，但是真正广为人知的却是因为雷军和小米的超速崛起，成为“现象级”话题，在互联网圈和企业界、管理界仿若一门显学的今天，大行其道。

虽然雷军将“七字诀”总结为互联网思想的核心，并且将“互联网思维”通俗解读为“软件+硬件+服务”的“铁人三项”，但我认为，正是这种有意无意有所保留的“传道”，才导致追随者“在模仿某一方面”。通过我对小米方法的研究总结，互联网思维应该解读为：

互：互动，包括雷军所说的“软件”和“服务”。粉丝经济、用户参与、官网渠道、微博微信营销、线下活动都属于“互”的范围。

联：联合，特指雷军所说的“硬件”，包括联合、整合产业链上的代工厂商和供应商，也包括小米的手机、平板电脑、电视、盒子、路由器等系列产品的联合。

网：网络，主要是指“雷军系”，包括雷军投资的系列互联网企业，作为平台系统和网络。

尽管雷军本人并不认同“雷军系”的说法：“让大家很失望，根本就没有什么雷军系。这绝对是竞争对手给我使出的秘密武器——捧杀。”但是，“雷军系”在互联网行业几乎人所共知。而且，如果没有读懂“雷军系”，解读小米方法就会片面、浅薄，产生根本性错误。

雷军在创办小米之前已投资凡客、乐淘、拉卡拉、UC、可牛等17家公司，2011年创办顺为基金（顺势而为），投资无忧英语、阿姨帮、雷锋网、载乐、丁香园、微聚等近20家互联网公司。其中，雷军投资的金山软件、猎豹移动、欢聚时代、迅雷都已经上市。雷军在这些企业几乎都是创始合伙人兼董事长，投资方向和领域都由他掌控大局。通过这些互联网公司的应用和服务足以养活小米，即使小米一分钱不赚，每月靠分发软件也有三四千万元的收入，所以雷军才有底气说不靠硬件赚钱。

按照雷军的战略规划和产业布局，小米真正的对手并非联想、华为、中兴、酷派、魅族，甚至不是苹果、三星，而是阿里巴巴、腾讯、百度、360这类互联网巨头。雷军将通过手机、电视、路由器乃至汽车等硬件产品，整合“雷军系”内外的互联网软件和应用服务，像阿里系、腾讯系、百度系一样进入大众生活，搭建一整套服务体系，打造一个互联网超级帝国。正因如此，周鸿祎才会在2014年3月底感慨：“今明两年小米市值超越‘B’（百度），后年基本追到‘A’（阿里巴巴）的千亿量级，最有机会PK‘T’（腾讯），将来的互联网格局不再是‘BAT’，而是‘ATM’。传统手机厂商不仅不具备基因，也不具备竞争的核心资源。而互联网公司确实又缺少做硬件的基因。”

雷军的“互联网思维”其实是一场商业革命，无论是管理者还是创业者，无论是传统企业转型还是新兴产业成长，都要以互联网思维制定立体、三维战略，否则无法生存。这正是2013年12月12日晚雷军敢于在中央电视台面对亿万观众断言5年后超越格力的胜算所在，即便董明珠将赌局拉升到10亿元，他仍然胸有成竹。虽然格力有23年的历史、1007亿元的规模，小米不到4年刚达到300亿元，但是小米是软件、硬件、服务加“雷军系”，格力只有硬件加服务，四个轮子的汽车与两条腿的人相比，已经是工业时代与原始社会的差别，胜负可以预见，除非格力开启互联网思维，补足短板。

潮流浩荡，大势所趋，往往非人力所愿，非人力所能阻挡。要懂得顺势而为，小米是值得我们学习的榜样。

四

过去三年，我花费了大量时间跟踪梳理、研究雷军和小米的成长历程，在出版社编辑的鼓励下，写就这部《超预期》。

在写作过程中，我参考了小米联合创始人、副总裁黎万强所著的《参与感》，也借鉴了对小米有深入研究的科技商业观察家金错刀的案例梳理和分析总结，还系统整理、分析了包括雷军在内的小米创始人、管理层、员工、用户在媒体、网络上的视频、音频、文字资料，并查阅了许多与小米相关的书籍、报刊和网络材料，首先应该感谢所有著作和报道的写作者。

在这本书中，我从团队、产品、创新、整合、模式、管理、营销、服务、竞争九个方面系统阐述了“小米方法”，几乎涵盖了企业经营管理中遇到的所有问题，贯穿小米创业以来的整个过程。迄今为止雷军带领小米所获得的成功，并非偶然现象，也不是四年中不断的好运气，而是二十多年在互联网行业跌宕起伏的厚积薄发，这样的商业教科书和管理干货，一定会让你有所受益。

雷军曾经在公司内部信中总结，小米的真正壁垒在于三点：梦想和使命、真诚与热爱、为梦想和使命而战。这是超脱小米方法之上的精神气质和文化内涵。在《超预期》这本书中，小米文化折射出的能量随处可以感知。精神和文化的作用同样不可忽视。

在追求梦想的道路上，小米依然在成长，怀疑和非议仍将伴随创业者的脚步，这也是一种鞭策和激励。我愿意为每一位追求梦想的人鼓掌，终有一天，你也会像雷军创办小米一样，将成败得失凝结成后来者前进的力量。

目 录

第三章

创新：做别人没有做过的事情

第四章

整合：做价值链的组织者

第五章

模式：小米=苹果+谷歌+亚马逊

第六章

管理：放手让大家干

第七章

营销：参与感是新营销的灵魂

第八章

服务：关注用户体验是保持企业竞争力的关键

第九章

竞争：推动整个行业的互联网化

第一章

聚人：

团队是小米的核心价值

创业你要注意什么

第一条：懂得顺势而为，绝不要做逆天而动的事情；第二条：颠覆创新，用真正的互联网精神重新思考；第三条：人欲即天理；第四条：广结善缘；第五条：专注，少就是多。

创业要用最合适的人，而不是最优秀的人。

雷军说过："董事长该干啥？我琢磨了一下，主要有三点：1. 什么时间点做什么样的事情，这决定了公司的方向和战略；2. 用什么样的人来干这件事情，寻找德才兼备的人不容易；3. 怎样让人有动力愿意拼搏，怎样能够把事情做成。坐好这个位置，最重要的是经验、阅历、胸怀及看人看事的眼光。"

第一节
雷军：干“小米”是人生中最后一件事

看透小米，先要读懂雷军。

当小米家喻户晓以后，人们对雷军“站在风口上”的理念深信不疑，并希望借鉴小米的经验找准风口“飞上天”。繁华之外，成功背后，实情鲜有人关注，小米其实是雷军摸爬滚打、沉浮起落20年的厚积薄发。眼看着马化腾、李彦宏这些昔日小弟急剧变身为带头大佬，“中国互联网行业活化石”的称呼对雷军而言愈加刺耳，因此他才会在创办小米之初以破釜沉舟的气势宣告：“这是我人生中最后一件事情，干完拉倒！”

每年12月16日，雷军都会召集故友、旧部一起喝酒，全部由他埋单，因为这天是他的生日。正是在他40岁生日当晚的酒桌上，把酒言欢过后，本已退隐江湖的雷军当着老朋友的面，目光坚毅地宣布重出江湖。当然，这是2009年的故事。

1969年12月16日，雷军出生于湖北省沔阳县（今仙桃市）。

1987 年，雷军以超过重点大学录取分数线10分的成绩进入武汉大学计算机专业学习。1990年，他还未毕业，就和王全国、李儒雄一起创办了三色公司，研发汉卡（汉卡是一种将汉字输入方法及其驱动程序固化为一个只读存储器的扩展卡），然而只过了半年时间就宣告散伙。1992年1月，雷军北上，经求伯君邀请加盟金山公司，此后从22岁一直干到38岁，整整16年时间，入职时青涩稚嫩，离开时已近不惑之年。

2007年10月16日，8年间5次冲击IPO的金山公司终于在香港联交所挂牌上市，众人欢呼雀跃，雷军却黯然神伤。他发现和同伴们5840天的日夜奋斗，只换来6.261亿港币的市值，这与同年在香港上市的阿里巴巴的15亿美元市值天差地别，离2005年在纳斯达克上市的百度的39.58亿美元市值更是十万八千里远。两个月后，雷军在隆冬季节离开金山，一句“我的青春，我的金山”道尽无限惆怅。

在离开金山之前，雷军一直被视为业界劳模，然而，回报却令人心酸。“为什么有人付出100%的努力只能换回20%的增长？反之，有人付出20%的努力，却能获得100%的回报？”“金山软件有中国最优秀的一批工程师，大家都很团结，执行力也非常强。但为何最后上市依靠的反而是网游业务？”雷军痛彻心扉地仰天叩问，这也是他对16年金山岁月的深刻反思，“金山就像是在盐碱地里种草。为什么不在台风口放风筝呢？”他自问自答，**“站在台风口，猪都能飞上天。”**

离开是新的起程。金山上市给雷军带来了巨额资金，加上2004年雷军创立的卓越网作价7500万美元出售给亚马逊所获得的高额回报，雷军可谓腰缠万贯。“退休生活”让他有足够多的时间和心怀梦想的创业者交往，做天使投资人。但这并非雷军的理想事业：“如果有志于赚钱，天使投资会很愉快，但我志不在此。可能这么说别人会觉得我矫情，但的确如此。”雷军已经站在风口上，即将开始一段将成败荣辱置之度外的冒险。

雷军是少有的幸运者，他已找到“很湿的雪和很长的坡”。作为资本家投资近20家企业，他从未退场。更令人震惊的是，当众人以为他功成身退时，他却再度走上了创业之路，步履坚定，无怨无悔。这种激情就像“上瘾”一样，雷军不缺钱，也有令人瞩目的江湖地位，他所谓的自我证明，绝不是书生意气。

然而，各种怀疑和责难接踵而来。2010年4月6日小米科技公司成立之后，雷军便受到来自各方的质疑。雷军想在互联网上卖手机，谷歌嘲笑说：“我们自己都干不成，你还搞这样的公司？你肯定没戏！”用户排队抢购小米，旁人说是“假的，炒作”；小米宣布卖出多少万台，回应还是说“炒作”。然而，雷军不管不顾，“小米是圆梦之旅，不管你觉得这个是有病还是没病，反正我就想干这件事情。”他还说，“成了，自己也就踏实了；不成，那就退出江湖吧！”

2010年7月，雷军在公开发言中称“用手术刀将自己解剖了一遍”，并分享了五条体会：**“第一条：懂得顺势而为，绝不要做逆天而动的事情；第二条：颠覆创新，用真正的互联网精神重新思考；第三条：人欲即天理；第四条：广结善缘；第五条：专注，少就是多。”**这是雷军做小米的初始心得，更是他20年来职业生涯的全部精华。

以破釜沉舟的决心，拿“五条体会”实践，“老江湖”干出了惊天动地的事业。作为全球第一家以成本价定价的手机厂商，小米在37小时内就卖出40万台手机，销售额达到8亿元。2012年出货719万台，销售额高达126.5亿元，这在全球创业型公司中绝无仅有。2014上半年，小米销售手机2611万台，同比增长271%，全年目标是6000万台，销售额预计达到758亿元左右。更令人震惊的是小米估值的激增速度，2011年10月小米第二轮融资9000万美元，估值10亿美元。投资者告诉雷军，谷歌花了7年，Facebook（脸谱网）花了6年，小米只用1年半就实现了。2012年6月，小米第三轮融资2.16亿美元，估值40亿美元。2013年8月，小米估值达到100亿美元。到2014年，坊间传闻小米估值已达400亿美元。

就这样，小米成为人所共知的“现象级”企业，雷军也被重新请上“创业教父”的神坛。可是，小米的横空出世绝非偶然，更不是一夜成功的励志传奇，而是水到渠成的成长和积累。在一连串眼花缭乱、缤纷闪亮的数据之后，是一群为理想和激情打拼的业界资深大牛，除雷军之外，小米团队的战斗力也不容忽视。

第二节
找最优秀的人，用最合适的人

2010年4月6日，雷军和几位创业伙伴一起，每人喝完一碗小米粥，就慨然地走上了创业的道路。他已经闯过最艰难的考验——找人，也因此被拒绝过很多次，最终花了半年时间，才把队伍凑齐。

雷军找来的第一位合伙人是原谷歌工程研究院副院长林斌。他负责谷歌移动的研发和安卓系统本地化，是行业顶尖人物。2008年，林斌想推动谷歌与雷军所投资的UC浏览器合作。面谈后雷军发现，林斌做产品非常“下功夫”，而且和自己一样都是手机控。此后，两人经常聊天，见面时往往是林斌掏出五六部手机，雷军掏出七八部手机，两人通常谈论到凌晨一两点钟。

有一次，林斌告诉雷军他想创业，做一个互联网音乐项目。雷军闻言建议说：“别做音乐了，音乐我们投点儿钱，让别人干就可以了，没意思。咱们一起做点儿更大的事情吧！”这件大事，就是联手创办小米。

小米创始人职务分工

随后，林斌找到以前在微软的同事黄江吉，把他介绍给雷军。黄江吉不到30岁就成为微软工程院首席工程师，已经在微软工作了13年，正面临着职业关键选择：是留在微软还是创业？是留在美国还是回国？

与雷军、林斌的面谈加速了黄江吉的职业抉择。三人在北京知春路翠宫饭店一层的豹王咖啡厅见面，雷军始终未提“创业”二字，而对手机、电脑、iPod、电子书等电子产品无所不谈。黄江吉是Kindle的粉丝，曾写过一个小工具以改进Kindle的功能，没想到雷军更狂热，甚至把一个Kindle拆开研究里面的构造。漫谈4个小时后，黄江吉已基本判断出雷军和林斌想干点儿什么事情，虽然还不清楚具体做什么。于是临走前他说道：“我先走了，反正你们要做的事情，算上我一份！”

拉来黄江吉后，林斌在2010年2月又找到以前在谷歌的下属——高级产品经理洪峰。此人从上小学就开始学习计算机，并会编写程序解决实际问题。在谷歌期间，他干得最漂亮的事情是利用20%的业余时间和几个人一起做出谷歌3D街景原型。在中国谷歌他是首席产品经理，主持开发的谷歌音乐是少有的饱受称赞的产品。然而，像所有的技术天才一样，洪峰也不太好打交道，用雷军的话说："你接触他，会感觉压力很大，他面无表情，随便你说，可你不知道他是怎么想的。但他是一个绝顶聪明的人。"

第一次见面，与其说是雷军面试洪峰，不如说是被洪峰面试。洪峰精心准备了上百个问题："要做手机，你有自己的硬件团队吗？你对运营商了解多少？你有获取触摸屏的渠道吗？……"问题越问越深入，越来越难招架。坦白说，洪峰提到的资源雷军一样都没有，但越是这样雷军越高兴，越想拉他入伙，这说明他有真本事。雷军没有全部回答，只告诉洪峰自己是谁，打算怎样做手机，能为他提供什么。最后，洪峰说：**"这件事情够好玩，梦想足够大。或者说，你觉得这件事情足够地不靠谱，因为它太疯狂了。又或者说，你觉得这件事情从逻辑上是靠谱的，但是从规模和疯狂程度上来说，是绝对地不靠谱。这很有挑战性，我决定来挑战一下。"**

雷军的找人方法和过程，就像推倒多米诺骨牌的连锁反应。当洪峰推荐刘德时，雷军有些犹豫，因为他们彼此没有什么交往，而且他也根本请不动这种大神级的人物。刘德毕业于美国艺术中心设计学院。据雷军了解，这所院校成立80多年来，只有20多位中国毕业生。刘德创办了北京科技大学工业设计系并担任系主任。因为洪峰的太太与刘德的太太相识，故而两人产生了交集。

2010年5月，从美国回北京办事的刘德抽空来到当时还在北京银谷中心大厦的小米公司，与雷军等人从下午4点一直聊到深夜12点。雷军希望刘德能加入，这意味着后者要放弃在美国开办的公司，其中的顾虑可想而知。其实雷军也有些纠结，毕竟那时小米还做不出一款具有世界水平、顶级工业设计的手机，是否该请顶级设计人才入伙是一件值得考虑的事。这次聊天刘德未置可否，起程前往美国。第二次再回北京时，双方终于达成一致。加入小米后，刘德不仅担负手机设计的职责，还负责供应链的工作。

其实，雷军心中另有一个合适的人选——金山时的老部下黎万强。10年内，黎万强从设计师做到设计总监、内容总监、金山词霸事业部总经理，直到2009年辞职。在此之前，他几乎每个月都会和雷军见一两次面，一起吃饭聊天。离开金山后，他向雷军提起做商业摄影的创业计划，雷军回答："我这里也有个方向，要不你来跟我一起干？"

没想到黎万强毫不犹豫就答应了，雷军反而有点儿不知所措："你知道我要干吗，你就这么答应了？"

黎万强说："你要做手机。"

毕竟相识多年，雷军从在金山时就是个手机控，16年里总共用过53部手机，看到不错的新机型还经常买回来送给朋友，比如

iPhone刚问世时他就送了20部。这两年他们谈的话题大多围绕手机展开，黎万强怎能不知道。

做硬件、软件、设计的人都已找到，唯独缺一个能把手机做出来的高手。雷军花了几个月的时间都没能解决，在近乎绝望之际，有朋友举荐了周光平。就像当初接触刘德一样，雷军觉得这事不太靠谱：周光平已经55岁了，从1995年就开始担任摩托罗拉高级工程师职务，事业有成，无论从年龄、职位来看，他都不可能创业。

经过林斌的建议，在一个周六的中午，雷军与周光平见了面，两人相见恨晚，原定两小时的谈话被延长到12小时，从中午12点一直聊到深夜12点，连吃饭都舍不得浪费时间，午餐和晚餐都是叫外卖解决。几天之后，周光平同意加入。

至此，小米七人创业团队终于聚齐。“七剑下天山”，互联网江湖注定要掀起一股惊涛骇浪。

雷军花了6个月的时间找了6个人，平均一个月搞定一个人。看起来轻松高效，过程却十分曲折。为了找到这6个人，雷军可能见过60、600甚至几千人，其中名气大、能力强、水平高的优秀人才岂止6位，但最终各有原因，只能遗憾地错过。比如原富士康IGDBG（新绿事业群）总经理谢冠宏，雷军一直想拉他加入小米，成为第9位联合创始人（第8位是多看创始人王川），却遭拒绝，雷军只好换一种合作方式——投资他创办的公司。谢冠宏后来成功推出小米耳机。

毕竟，**创业要用最合适的人，而不是最优秀的人。**

第三节

至少花70%的时间找人

雷军曾说过："找人是天底下最难的事情。"

在创业初期，雷军恨不得花费150%的精力找人。他曾经一周内有5天、每天超过10小时去说服一位跨国公司高管加入小米，但到最后对方还是选择放弃。因为熟悉软件圈，找人相对容易，但是在硬件领域却困难重重，"打电话过去都是先做10分钟自我介绍"。有一次，一位资深的硬件工程师被请来面试，他没有创业的决心，对小米的前途也有些怀疑。经过几个合伙人整整12个小时的轮流说服，终于让对方"屈服"："好吧，我已经体力不支了，还是答应你们算了！"

据此，雷军总结：**"如果你招不到人才，只是因为你投入的精力不够多。我每天都要花费一半以上的时间用来招募人才，前100名员工，每名员工入职都是我亲自见面并沟通。"**他还有一个切身体会："不少创业者抱怨找不到人。其实，无论什么样的企业，找优秀的人都很困难。**解决这个问题只有两种办法：一、花**

足够的时间找人，至少（要用工作时间的）70%；二、把现有的产品和业务做好，展示未来的发展空间和机会，筑巢引凤！”

在人才结构和求贤方向上，雷军的策略是“软件＋硬件＋移动互联网”。他认为，在移动互联网时代，一家公司成功的标准是软件、硬件和移动互联网三种资源的高度匹配。苹果做到了三项资源的完美匹配，所以它成功了。因此，小米要想从竞争激烈的移动互联网市场中突围，就要玩“铁人三项”。怎样才能从零开始创办一家像苹果这样的公司？雷军在新浪微博上给出了答案：**“如果我们能够把摩托罗拉、微软、谷歌给合并了，找这里面最优秀的人给它融合到一起，这个公司会很牛的！”**

这是一段艰辛却无法回避的创业过程。“当我决定做手机的时候，我见了100多个人，才找到周光平博士。”雷军介绍，为了找到最棒的团队，他费了不少周折，“一开始，我找软件公司圈子里的，这个行业大家都熟悉我，所以很快就能找到，但是硬件公司的人一个也找不来。那时候我每天见很多人，我跟每一个人介绍我是谁，我做了什么事情，我想找什么人，能不能给我一个机会见面谈谈。几乎每个来小米的同事我都打过电话，每天面试，恨不得从早上谈到晚上一两点。”

东奔西走半年之后，成果丰硕。雷军说：“当初我决定组建超强的团队，前半年花了至少80%的时间找人，幸运地找到了7个牛人合伙，他们全是技术背景，平均年龄42岁，经验极其丰富。3个本地加5个海归，分别来自金山、谷歌、摩托罗拉、微软等。

土洋结合，理念一致，大部分都管过超过几百人的团队，充满创业热情。”据统计，小米有一半以上的员工来自谷歌、微软和金山，平均年龄32岁，大部分是本科毕业10年或研究生毕业7年的有经验人才，正是激情四射、精力充沛的大好年华。

然而，招聘优秀人才仅凭付出时间、精力还不够，方法最重要。雷军分析，三十二三岁的人大部分都已结婚生子，如果没有一个与之相称的报酬也挺难为别人，所以除了理想、事业、空间以外，还得有实惠。

但是，有竞争力的报酬并不等于重金、高薪。雷军拿出一套组合方案：**“我们邀请任何人加入的时候，会给三个选择条件，他们可以随便选择：第一，你可以选择和跨国公司一样的报酬；第二，你可以选择2/3的报酬，然后拿一部分股票；第三，你可以选择1/3的报酬，然后拿更多的股票。”**小米员工的实际情况是：有10%的人选择了第一和第三种工资形式，有80%的人选择了第二种——小米的“2/3的报酬”，工资也是不低的数字，不仅足够员工维持生活，而且因为他们持有股票，会非常乐意与创业公司一起奋斗，共同成长。

其实，找人难，留人更难。小米的方法是营造中高端人才环境，培养和引进人才相结合。创业公司都清楚人才的重要性，也非常重视员工的内部培训和提升，但是往往做不好。雷军认为，主要问题是没有专项的培训费。没有费用预算，人力资源部不会将人才培养当成专门的事情来做，也没有办法引进好的讲师和好的课程。落实培训工作，必须有专门的预算和专人负责。唯有如此，才能保证企业有绵绵不断的执行力、创造力。

创业以来，小米的资本估值飞速膨胀，雷军一针见血地指出：投资者对小米的估值依靠的不是传统的市盈率，而是“市梦率”，赌的是小米能不能做到百亿美元公司。而成败的关键，在于团队执行力和成长力。换句话说，团队才是小米的最大价值。

雷军应该会认同这个观点，不然他怎么会有如此感慨：

“小米团队是小米成功的核心原因。为了挖到聪明人，和一群聪明人一起共事而不惜一切代价。如果一个同事不够优秀，不但不能有效帮助整个团队，反而有可能影响到整个团队的工作效率。来到小米的人，都是真正干活的人。他想做成一件事情，所以满腔热情。他们聪明、技术一流、有战斗力、有热情地做着一件事情，这样的员工做出来的产品注定是一流的。”

第四节

透明化分享机制

在小米内部流传着一则关于“卖嫁妆”的故事。

小管，一位刚毕业两年的研究生，小米最早的14位核心创始人之一，也是当时唯一的女员工，她承担了公司创业初期的行政管理、人力资源、后勤、前台等全部工作，为了投资小米，她不惜卖掉嫁妆入股。还有一位员工，甘愿把港股抛掉换成“米股”，说“就看你们的了”。当然，按今天小米的估值计算，这份“嫁妆”和“港股”现在已是天价。

小米成立之初，雷军推行全员持股、全员投资计划，公司最初的1100万美元启动资金全部由56名员工自掏腰包，计算下来平均每人投资约20万美元。这是小米公司“透明化分享机制”的最早体现，尽可能地多和员工一起分享利益，共同成长。雷军曾公开表示：“我们给了足够的回报：一是工资上，我们给予丰厚的报酬；二是期权上，真的是有很大的上升空间，而且每年公司还有一些内部回购；三是团队上，虽然有时做事确实压力很大，但会给人一种很强的满足感……”

“透明化分享机制”是雷军浸淫互联网行业多年的管理心得。从金山到小米，他一直奉行这种激励制度。

2014年7月7日晚，雷军以金山软件董事长的身份用小米手机给所有金山员工发了一封邮件——每人派发1000股大红包。由于过去3年雷军带领金山向互联网及移动互联网转型取得卓越成绩，董事会授予雷军400万股金山软件受限股。然而，雷军却全部分送给了金山员工：“7月6日前在职的所有金山正式员工，每人1000股的两年期受限股，两年时间一次性成型。”按照2014年7月8日金山软件每股23.45港元（人民币18.8元）的价格计算，雷军共送出市值约7520万元的股票，对于4000名金山员工而言，相当于每人获赠1.88万元。因为是拿个人奖金分给全体员工，有人戏称雷军是“中国好老板”。

在这封邮件中，雷军回忆了3年前接手金山董事长时的豪言壮语，并再次明确“做一家伟大公司的梦想”。实际上，他的格局和境界就是被这个梦想撑大的，所以才会说出这样的话：“这个骄人的业绩，属于所有金山人，是大家共同努力下的成果。”“但我知道，这份奖励，不仅仅是对我本人的认可，还是对宏江博士（金山软件CEO张宏江）带领的管理层的认可，更是对奋斗在一线的所有金山人的认可！”这些“获奖感言”可不是雷军冠冕堂皇的奉承话，而是他从本质上已经认清分享精神的重要性。雷军重新入主金山之后，“推行各个业务子公司化，并实施子公司管理层持股计划，有效提升内部士气。”

半个月之后，也就是7月22日下午，在北京国家会议中心召开的2014小米年度发布会上，雷军高调宣布，今年（2014年）将分10亿给小米员工和买过小米手机的人。这一次，雷军把分享机制从内部扩展到外部，从员工延伸到客户。

更早之前的5月24日上午，雷军在微博中透露获得周光召基金会技术创新奖，奖品为一公斤的黄金奖牌和35万港币支票。雷军难抑激动之情：“一定要感谢小米的所有同仁，这是大家共同奋斗的成果。也要感谢‘米粉’的支持和参与，小米的每一点儿成绩都属于大家！”然后，雷军宣布“奖牌，我就留着纪念了”，并公开问计“这35万港币现金如何花”。雷军的做法不无炒作、宣传成分，但这确实是小米透明化分享机制的一例佐证。

在互联网时代，企业一定要建立透明化分享机制，并以此潜移默化地熏陶所有员工：大家都是创业的一分子，共同成长，共享成果。雷军曾说：“如果没有一个最低6 × 12小时的勤奋和努力，为什么你会成功呢？”实际上，小米公司就是每周6天、每天12小时的工作强度，而且内部热情高涨，这种奋斗精神背后一定有透明化分享机制作为支撑，否则，员工能在5 × 8小时完成分内工作就很不错了。

雷军说过：“董事长该干啥？我琢磨了一下，主要有三点：1. 什么时间点做什么样的事情，这决定了公司的方向和战略；

2. 用什么样的人来干这件事情，寻找德才兼备的人不容易；3. 怎样让人有动力愿意拼搏，怎样能够把事情做成。坐好这个位置，最重要的是经验、阅历、胸怀及看人看事的眼光。”

理解小米的透明化分享机制，可以与雷军的投资理念结合起来看。作为天使投资人，雷军的原则是“投资投的就是人”。在人和项目之间，他更看重人，认为人是决定性因素，“百分之百只投人”。企业招聘员工，也是在“投人”，只不过把“创业”换成“就业”，把“平台”换成“职位”，不怕员工获得超额回报，就怕成为负面消耗，因为个人的能力短板会影响整个团队的战斗力。雷军像风投一样激励员工，员工就会拿出创业者的干劲对待工作。

古训有云：“财聚人散，财散人聚。”这句话也是金山集团的企业文化和传统，雷军推崇有加。放眼全球知名的互联网公司和高科技企业，他们都建立起了透明化的分享机制，并因此爆发出传统企业无法企及的成长速度，掘取后者花费几十年才能积累的财富。财富、人才皆如水，独霸僵化就是一潭死水，只有不受约束地流动起来，才能奔流出江河湖海，汇聚成改变世界的力量。

雷军推行股权共享、分送奖金，看似平常举动，甚至高调作秀，实则树立“财散人聚”“千金买马骨”的爱才形象。而且，当“共享”成为一种文化，“共担”就会成为一种习惯。企业内部关于执行力、责任心、爱岗敬业等口号，也不必大张旗鼓地呐喊了。

第五节

“雷军系”，大棋局

联想集团创始人柳传志曾说：“看油画的时候，退到更远的距离，才能看明白。倘若离得很近，黑和白是什么意思都分不清。退得远点儿，就能明白黑是为了衬托白。再远点儿，才能知道整幅画的意思。”同样，研究小米，也需要跳出小米公司来观察。

其实，在小米的大幕之外，雷军已编织起一张巨大的投资网络，尽管他本人并不认同这个说法：“让大家很失望，根本就没有什么‘雷军系’。这绝对是竞争对手给我使出的秘密武器——捧杀。”但是，“雷军系”在互联网行业几乎人所共知。难怪奇虎360董事长周鸿祎在2014年4月初感慨：“今明两年小米市值超越‘B’（百度），后年基本追到‘A’（阿里巴巴）的千亿量级，最有机会PK‘T’（腾讯），将来的互联网格局不再是‘BAT’，而是‘ATM’。”

“雷军系”榜首是金山软件——雷军为之奋斗了22年的公司，贯穿他的整个职场生涯。作为上市公司，金山软件市值超过

30亿美元，雷军是董事会主席及非执行董事、实际控制人，其个人及全资子公司持有金山软件26.9%的股份。

其次是猎豹移动。2014年5月9日登陆纳斯达克，收盘市值19.71亿美元。雷军担任董事长兼董事，实际控制人，持有公司4.7%的A类普通股和54.1%的B类普通股，共拥有53.5%的投票权。

第三家是欢聚时代。2012年11月22日登陆纳斯达克，如今市值接近20亿美元。雷军为欢聚时代董事长兼董事、实际控制人，持有44.8%的B类普通股，拥有38.8%的投票权。

第四家迅雷。2014年6月24日登陆纳斯达克，市值约为10.34亿美元。雷军担任迅雷董事长，小米风投持股28.8%，金山软件持股13%，两家合计持股高达41.8%，雷军无疑为实际控制人。

以上4家公司是“雷军系”已经上市的企业。紧随其后，最受关注的毫无疑问是小米公司，这也是“雷军系”最核心、重要的产业支柱，2014年3月估值300亿美元，雷军的目标是达到千亿美元级别。雷军担任小米科技董事长兼CEO，虽然持股情况并未公开，但控制人地位非他莫属。

除此之外，“雷军系”还有很多公司。2007年10月16日，金山在香港上市之后，雷军选择黯然离去（2011年7月重回金山担任董事长），开始“退休生活”。在此后3年内，他一口气投资了凡客、乐淘、拉卡拉、UC、可牛等17家公司，其中有11家从零开始，涵盖移动互联网、电子商务和社交三大领域，市场估值达数百亿美元。经过3年“修行”，雷军已成为中国最成功的天使投资人之一。

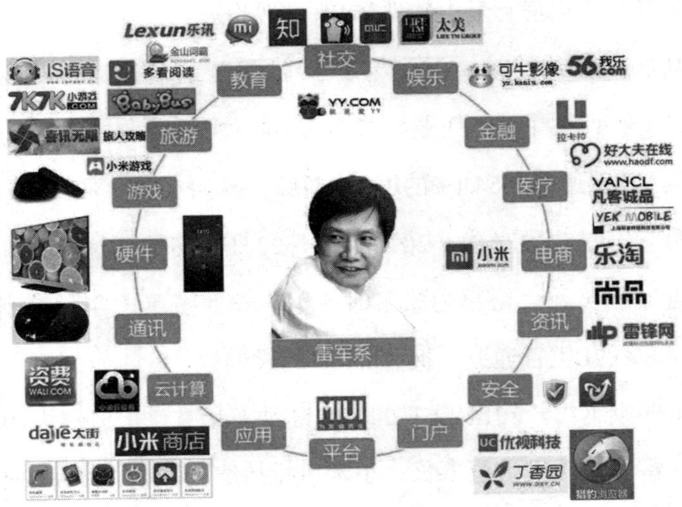

“雷军系”投资布局

2011年，雷军创办独立的互联网创业投资基金——顺为基金，取“顺势而为”之意，一期募资2.25亿美元，二期规模达到3.15亿美元，投资了无忧英语、阿姨帮、雷锋网、载乐、丁香园、微聚等近20家互联网公司，涵盖在线教育、移动电商、医药垂直平台、本地生活服务、社交等热门领域。作为创始合伙人兼董事长，投资方向和领域都由雷军掌控大局。

雷军从小就喜欢下围棋，深谙落子布局之道。我们在感慨雷军的投资眼光和财富增速之余，更为震撼的是“雷军系”正在下一盘大棋，棋局的核心就是小米。围绕小米的战略布局，金山软件、猎豹移动、欢聚时代、雷锋网、乐淘、迅雷等都可能成为小米流量入口、应用软件、增值服务的棋子。当然，这些关联公司也有可能被“雷军系”新的更强大的软件或服务排挤出局。在某种程度上，即使小米本身不赚钱，靠系统内的业务支撑也能实现盈利，看不到这一点，盲目学习小米方法，只能学到皮毛。

当人们评论“雷军系”成为继腾讯、百度、阿里巴巴系之后中国互联网第四股力量时，周鸿祎“ATM”的论断更大胆直接。如今，“平台”和“生态”已成为互联网行业最火热的概念，李彦宏、马云、马化腾都在为此奔波忙碌，雷军搭建系统的优势在于他手握小米——硬件支撑这枚关键棋子，以小米为核心的“雷军系”之价值和未来充满无限想象空间。

只有看透整个“雷军系”的布局，才能理解小米战略，读懂创业之初的那句话：“小米是我不能输的一件事，我无数次想过怎么输，但要是真输了，我这辈子也就踏实了。”对于雷军而言，小米是他自我证明的机会，对金山转型互联网的挫折他不服输。而且，小米承载着他少年时“做一家伟大的公司”的梦想，只有小米能黏合并撑起千亿美元的“雷军系”，实现理想。

“雷军系”背后，其实是雷军在互联网行业闯荡20多年积累的深厚的人际资源。雷军的风险投资并无明确的资本布局、催熟、变现意图，他自称是“帮朋友”“帮忙不添乱”，但是“台风”来临时，却能迅速聚集并形成一股强大势能。从金山、卓越到小米，雷军的职业生涯其实充满纠结和遗憾，也有起落和浮沉，作为出道最早的互联网创业者，雷军并非最成功的一位，但是，他身上总有一种让志同道合者追随的魅力。

雷军总结说：“商业上的成功最重要的是，把朋友变得多多的，把敌人变得少少的。”

第二章

产品：

让用户尖叫

让产品自己会说话

“让用户尖叫”总结起来主要包括三点：吸引眼球的产品定位、疯狂定价策略以及用户可感知体验。

产品是1，营销是0。如果产品的1不存在，后来再多的0都失效。产品的尖叫是要让你的产品自己会说话，这样，自己的产品都会变成自媒体。

雷军将互联网思维成功复制到了手机行业，总结起来，有三大方法值得借鉴：第一，把手机当成电脑做，小米对手机的定位就遵循做电脑的方式：以高性能、高性价比为核心，以接近硬件的成本确定售价；第二，利用互联网手段让用户参与产品研发，一切以用户体验为主；第三，采用电子商务直销模式减掉中间环节，把渠道差价返给消费者。

如果确定一个需求点是用户痛点，就死磕下去。

极致是做到自己能力的极限，极致就是要做到别人想不到、看不到的东西，而且要做得非常好。

第二章
产品：让用户尖叫

第一节
雷军的第一身份：小米首席产品经理

作为小米创始人，雷军的第一身份不是董事长或CEO，而是首席产品经理。

在创办小米之前，对于耗费他16年心血艰辛改造并成功上市的金山集团，甚至整个中国企业的生存和发展状态，雷军都有过刻骨铭心的反思，核心问题就是产品思维。他说："中国很长一段时间都是产品稀缺，粗放经营。做很多，却很累。一周工作7天，一天恨不得用12个小时，结果还是干不好，就认为雇用的员工不够好，就得搞培训。但从来没有考虑把事情做少。互联网时代讲求单点切入，逐点放大。"

众所周知，雷军是程序员出身，他对这个职业有着近乎狂热的痴爱："我觉得写程序就跟我在初高中时写诗和散文一样，那么畅快淋漓，一个好程序写出来的感觉，就像做了一件艺术品一样！"但随着经验增长，他开始反思：**"无论多么高级的程序员都没用，关键是你是否能够出想法、出产品，你的劳动是否能被**

社会承认，能为社会创造财富。成为高级程序员绝对不是追求的目标。”

这是雷军“产品思维”的启蒙。在金山时期，他主导了中关村启示录、金山影霸、电脑入门、剑侠情缘、WPS97、金山词霸等畅销产品，金山推出的每一款新品他都要亲自试用，并且提出详细具体的意见。1999年，雷军带着王树彤、陈年创办卓越网之后，在一次出差途中，他发现网站有个网页做得不太好，立即发邮件，提出150多条意见。正是20年来创业、管理体悟深刻的痛点，让雷军认准“产品思维”将是小米必定成功的底气之一。

当雷军说创业要做互联网手机时，当时还没人知道互联网手机是什么，雷军也只有个模糊概念：“把手机当电脑做。”但他有明确的方向和目标——“让用户尖叫”。雷军总结：“我们做了30年的PC（Personal Computer，电脑的总称），PC最后胜出的招数只有两条——高性能、高性价比。”

沿着这个思路，雷军确定小米的硬件战略为“把未来的智能手机当电脑来做”。第一，小米手机可以装载不同的操作系统，小米的系统能刷在其他手机上，这是PC工业已经很清晰的软、硬件分离模式。第二，就电脑硬件制造而言，够用、适用还远远不够，还需要提高性能。在别人的高端手机只有512兆内存的时候，小米率先推出1G内存，在别人1G内存的时候小米已经推出2G内存。雷军把电脑行业的游戏规则移植、复制到手机领域，这就是最简单明了的产品思维。

在手机行业产品思维还不够普及时，雷军就把产品经理概念引入，并引发行业震荡，“得产品经理者得天下”已形成共识。作为小米的首席产品经理，雷军经常深入一线紧盯产品，只要发现需求点就会持续不断地改进、修正，直到认为完美才肯罢休。雷军不喜欢开管理会议，他只参加每周一次、每次一小时的全公司层面的管理例会，月度、季度、半年总结会都没有。但是，雷军会花费80%的精力参加各种产品会议，每周会定期和硬件、营销、米聊、MIUI等部门的一线产品经理、工程师座谈、讨论，就产品细节问题反复推敲、打磨。

小米上马手机项目之初，曾经从HTC的G3手机上获得启发和灵感，但是雷军以产品思维剖析后，发现G3手机的工程师色彩太浓重，产品还不够细致。雷军要求包括工程师在内的所有员工**“要把用户当朋友，不要当上帝”**，当朋友使用小米手机遇到任何问题，无论软件还是硬件，无论方法还是技巧，甚至产品本身存在问题、出现bug，都要以解决问题的思路提供帮助。“朋友”与“上帝”的区别，是亲密度高的携手同行，而不存在仰望崇拜的距离感。

一直以来，雷军都以实际行动传递“把用户当朋友”的产品思维：与记者交流发现手机录音的痛点，他就主动担任MIUI录音机的产品经理；经常被朋友问及“如何给手机屏幕截屏存成图片”，他就找来MIUI产品经理研究一键截屏功能；发现用户在小米论坛和MIUI经常交流讨论，他就发起“100万征集手机壁纸”活动。

潜移默化中，“产品思维”已成为小米企业文化的重要组成部分。小米采取许多颠覆性创新的办法，逆反常规，帮助工程师认知并形成产品思维。时至今日，产品思维依然是中国企业最缺乏的管理思想，在互联网时代，这种弊病的影响会被无限放大。有些迷途中的人已经觉醒，比如凡客的陈年，经历沉浮跌宕之后，潜心向曾经的合伙人、现在的投资人雷军学习如何做一名合格的产品经理，每天花费大量的时间研究衬衫、帆布鞋。

这种风气，应该在企业界蓬勃发展。

第二节

提供让用户尖叫的产品

互联网看似浮华喧嚣，实际上是追求返璞归真。一些曾经被奉为圭臬的经典理论，也因为世易时移，正逐渐失去魅力。

在过去的半个多世纪，“4P”营销理论长盛不衰。自从1967年营销大师菲利普·科特勒首次在其著作《营销管理：分析、规划与控制》中提出以来，长期引领营销学的理论研究和市场实践。然而，一个不争的事实是：渠道（place）慢慢成为独立的第三方力量，越来越不可控；市场日趋成熟，暴利再难持续，价格（price）的竞争力越来越弱；因为新媒体的出现，传统媒体的传播（promotion）套路几乎全面失效。至此，“4P”只剩下产品（product）可控了。当“4P”营销理论土崩瓦解时，产品为王的时代已经回归。

雷军无疑看到了这一点，而且，“产品为王”其实是企业最难实现的目标。雷军说：“我们最大的挑战是如何不断地做出让用户尖叫的产品。”只有“让用户尖叫”才能形成口碑。雷军说：“好的东西不一定有口碑，便宜的东西不一定有口碑，又好又便宜的东西也不一定有口碑。我去过海底捞，只有一个小地方打动了我，就是那里的服务员是真的在笑，是真笑而不是假笑。海底捞的服务肯定不会比五星级的酒店服务好，但为什么有这么强的口碑呢？**这个口碑的真谛是超预期，只有超越预期的东西大家才会形成口碑。**”

小米开发第一代手机时，就花费大力气打造“让用户尖叫”的产品：国内首家双核1.5G手机，4英寸屏幕，待机时间 450小时，800万像素镜头。当时这种配置规格的手机定价都在三四千元以上，小米确定高配低价策略，但是价格低到什么程度才能实现超预期，形成口碑呢？据说小米在发布会前一周还在讨论，最终定价1999元，一下子引爆市场。

但是，没过多久，小米被质疑为“山寨货”，批评产品质量不过关。面对愈演愈烈的传言，尤其是众多“米粉”犹疑不决的态度，小米对外宣称：小米有一流的设计团队、供应商、真材实料的加工厂和代工厂，并且有严格的性能测试，因此绝对是货真价实的好手机。2011年8月18日，雷军在做客腾讯微论坛时，直接将自己的小米手机从1.6米空中摔落，当着众多媒体的面自信满满地进行现场测试。

当时在场的小米联合创始人、副总裁周光平被雷军的“草率”行为吓出一身冷汗：尽管小米“身经百战”，经过工作人员测试无数次才问世，但是从未尝试过高空坠落水泥地的试验，一旦失败，小米就会“身败名裂”。然而，雷军赢了，尽管小米手机砸在水泥地上，电池飞出，但手机仍然能正常开机，没有任何问题。周光平长舒了一口气，悬着的心总算放了下来。雷军面色沉静，淡淡地说："我示范一下，只是表达一种态度：我对小米手机的品质非常在意，我们非常努力地在做好手机。"

"让用户尖叫"总结起来主要包括三点：吸引眼球的产品定位、疯狂定价策略以及用户可感知体验。

仔细分析小米团队的宣传内容，有两个词最为耀眼：**顶配、首发**。这两个关键词就是小米的产品定位，如同双子星，让小米新品概念深深植入用户脑海当中，始终闪耀光芒。以2013年小米3的新品发布会为例，现场气氛热烈，看点颇多，不过小米团队全场一直强调两句含金量最高的话：Tegra4是目前全球最快的四核处理器；小米3选择Tegra4平台首发。

小米有一套成熟的新产品的定价策略。首先由雷军提出一个价格，然后仔细观察与会者的脸色变化。例如，小米电视最初定价为3999元，大部分员工觉得很满意，这个价位既显得有诚意，又足够吸引人，但雷军觉得这样还难以"让用户尖叫"，最终又降了1000元。

这是一种把自己"逼疯"的态度。众所周知，智能手机市场对价格高度敏感，低价能刺激人们的消费需求，而单位成本也会随着生产经验的积累而下降。小米在新产品上市之初将价格定得较低，优势非常明显。首先，低价可以使新产品尽快被人们所接受，小米手机每次网上开放购买都被一抢而空，充分说明高性价比对消费者的极致诱惑。其次，薄利多销形成的高销量可以摊薄成本，进而获得长期稳定的市场地位。而且，微利空间可以形成竞争门槛，有力阻隔竞争者进入。

"可感知体验"是小米让人尖叫的第三个秘密。以往手机厂商对用户只有两种态度：一种是我跟着用户走，一种是让用户跟着我走。低价的国产手机大多属于第一种，而苹果模式属于第二种。小米在这两种道路之外另辟蹊径："和用户一起走。"小米公司副总裁黎万强曾说，**小米成功的秘密在于参与感**。参与感的背后完全是以用户为中心的新理念。忘掉过去的4C、4P，要拥抱产品经理。小米公司认为，**产品是1，营销是0。如果产品的1不存在，后来再多的0都失效。产品的尖叫是要让你的产品自己会说话，这样，自己的产品都会变成自媒体**。

随着人们购物方式的多样化、个性化，传统的广告方式已经逐渐没落，而社交体验决定产品的影响力。小米公司认为，**给用户亲身的、可以感知的体验，宣传效果远远高于花哨的广告语，用户的体验感受含金量是不可估量的**。

小米花费许多功夫，以提供最好的应用体验。为确保测试小米3触摸屏的高灵敏度，小米团队四处寻找市场上能见到的各种厚度和材质的手套，然后逐一在屏幕上试验。为凸显小米电视外观的色彩特征，对摄影颇有研究的黎万强想出一个办法：精心装饰新品发布会的体验区，根据8种色调设计8个不同的使用场景，让用户置身其中，体会"家"一般的温馨……

用心才能贴心、暖心，感动人心。

第三节

好产品要“真材实料”

在微博上，雷军公开宣称：“我每天都在论坛和微博里面，时时刻刻感受‘米粉’的声音，我会始终关注小米手机的质量。质量主要由四个方面决定：设计质量，供应商质量，生产质量和出厂质量检验，我一直在关注！”

2012年9月，小米公司首度针对普通用户举办“开放日”活动，30多名小米用户和微博草根大号参观南京代工厂英华达、上海仓储物流中心、杭州“小米之家”等地，全方位了解小米手机从采购、生产，到配送、收货的整个过程，从而形成更直观的认识。短短半年时间，小米举办过十多次类似的活动，让用户相信小米把产品做好的决心，宣扬小米是一家对产品质量负责任的企业。

毕竟，小米是一家从零开始的小公司，而且直接从高质低价的手机起步，公众对小米营销推广和发烧友用户所说的话半信半疑。雷军的做法是把手机这个黑盒子打开，向每位用户讲清楚盒子里面装的是什么。比如小米经常宣传的夏普显示屏以及引以为傲的全球首款高通8260手机，还有德赛和飞毛腿终端的最先进的锂离子聚合物电池。以往手机厂商打广告，都是曲高和寡地打广告，强调自我品牌，很少公开剖析手机的设计构造、零部件和生产流程。

公开透明需要质量保证，雷军一直要求团队遵守四个字——“真材实料”。路遥知马力，日久见人心。用了真材实料的手机，用户迟早会接受、认同，并自发进行口碑传播。小米的第一批用户都是热爱手机的人，雷军就是要让这些发烧友真正了解小米。

尽管雷军反复强调质量意识，但小米面市之后，还是引发出了质量问题，并掀起了一场不小的风波。

2011年8月16日，小米手机正式发布，但正式量产需要等到10月。为了让用户尽快拿到手机，雷军将小米开发过程中用以测试的工程机以1699元的价格推向市场，这样一方面可以满足“米粉”的热切期盼之情，另一方面可以让用户提前试用，以便及时了解小米在设计中存在的问题。不料，意外发生了。

一位“米粉”在小米论坛发帖爆料小米手机有掉漆问题，这件事情经过不断发酵，加上媒体跟进报道，最后被扩大到业界共知。其实，所谓的掉漆问题是小米手机在生产过程中“米”字掉了一点儿漆，而且只有一台手机出现了这个现象，却逐渐演变为“小米手机掉漆门事件”。互联网将负面消息无限放大，小米手机的后盖缝隙、耳机插孔问题、米键反应过分灵敏等问题不断被曝光。甚至有人批评："在宣传中与苹果手机相媲美的小米手机是山寨机。"这种言论在网络上流传甚广，形势逐渐走向失控状态。雷军有些坐不住了，但他没有对媒体做过多解释，而是全身心地投入到质量改进中。在他看来，现在还不是打口水仗的时候，产品质量是小米手机的生命，用户有任何问题都要第一时间解决。

针对喷漆问题，小米与供应商积极协商，更换喷漆工艺，有效地解决了掉漆问题。对于后盖扣不紧的问题，雷军有些纠结。小米设计师在设计小米后盖时，为了方便用户盖上和取下，于是舍弃传统的方型扣，做了一个创新设计：将机身和后盖之间的四个扣子设计成斜面扣。但问题是，这种设计对模具的精度要求非常高，代工厂商始终无法达到雷军对于精度的要求。最后，为了保证质量，完美主义者雷军只得放弃更显人性化的设计，回归到传统的方扣模具中。

"后盖的模具已经全部重做，使用了新的喷漆工艺，保证量产机质量没有问题。"雷军在微博上及时告知广大粉丝问题已经解决。小米手机官方也发布公告："针对少数小米手机工程版出现的屏幕翘角、缝隙不严、掉漆等问题，量产版已更换新模具并采用新喷漆工艺解决；屏幕点阵现象属正常工艺，非硬件质量问题；用户的反馈意见是工程机的意义所在；小米公司再次重申，工程机用户均可无条件更换量产版。小米希望广大用户监督，并欢迎媒体的公正客观报道！"

随后，雷军两次当着媒体的面，拿自己的小米手机做实验。他将手机从1米多的高度摔下，结果都安然无恙。雷军想通过这种接近疯狂的方式证明小米的质量。其实，鲜为人知的是，雷军为保证手机质量下了不少功夫。

首先，他找到一流的设计团队。以周光平博士为首的设计团队大多具有世界知名手机厂商工作多年的经验，他们会在源头上控制质量。其次，小米手机的供应商、加工厂、代工厂全部都是苹果的合作伙伴，这些厂商的质量控制能力都十分突出。最后，小米手机出厂之前都要经过严格的性能测试。

据周光平介绍，小米手机一般会经历5轮抗摔实验，摔下来后做高低温测试，高温75度，低温到零下35度，再做震动测试。这样的实验连续进行5天。此外，小米手机还会经历冲水实验；粉尘实验，即将小米手机拿到洗衣机里转，看是否进粉尘；屁股实验，放到屁股下面坐，看是否会坏。经过几个月的测试，手机才投入市场。

“日本经营之神”松下幸之助有句名言：“对产品来说，不是100分就是0分。”在当前的买方市场，任何质量问题都会影响用户的满意度，进而影响企业的美誉度，任何产品只要出现丝毫质量问题都意味着失败。

美国质量管理专家菲力浦·克劳斯比提出关于质量管理的四条定理：质量就是合乎需求；质量是来自于预防，而不是检验；工作的唯一标准就是“零缺点”；应以“产品不符合标准的代价”衡量质量。也就是说，为了保证零缺陷要不惜花费成本。

第四节

互联网思维开创新品类

2013年上半年，小米手机用两个数字狠狠地在中国互联网市场“惊艳”了一把——“703万”“132.7亿”。小米仅用半年时间就完成了过去一年的业绩：上半年销售量达703万台手机，销售收入达到132.7亿元。这两个数字炸弹让小米开创的新品类——互联网手机再次在市场成为各界关注的焦点。

互联网手机是在互联网思维指导下对手机进行的全新设计。对于互联网思维，至今仍然没有一个准确的定义，大家莫衷一是，众说纷纭，但是对这个定义基本形成的共识是：互联网思维是指在互联网对生活影响力不断增加的背景下，企业对用户、产品、营销和创新，乃至整个价值链和生态系统重新审视的思维方式。雷军在微博上表示：“互联网其实不是技术，而是一种观念，互联网是一种方法论，你用这种方法论就能把握住互联网的精髓了。”

雷军与“互联网思维”这个科技词汇突然流行有直接关系，

因为小米“用户中心，产品为王”的成功实践对这个词起到了推波助澜的作用，而且雷军经常将“互联网思维”挂在嘴边，被互联网从业者充分解读之后，俨然成为一门管理显学。不过，在众多企业中，只有小米的互联网思维最具系统性：任何一款产品，小米先推出工程样机，让发烧友试用；然后根据用户反馈，找准痛点改善；接下来将用户体验和产品做到极致，并根据用户使用中的反馈快速调整，对产品继续创新；最后，小米再对传统手机的采购、生产、装配、供货等体系进行颠覆性创新。

雷军将互联网思维成功复制到了手机行业，总结起来，有三大方法值得借鉴：第一，把手机当成电脑做，小米对手机的定位就遵循做电脑的方式，以高性能、高性价比为核心，以接近硬件的成本确定售价；第二，利用互联网手段让用户参与产品研发，一切以用户体验为主；第三，采用电子商务直销模式减掉中间环节，把渠道差价返还给消费者。

首先，把手机当成电脑做。雷军曾说：“我们用互联网的方式做手机、卖手机、推广产品，也用互联网的方式做售后服务，可以说每一个环节都互联网化了。”别人都认为小米是手机企业，雷军却反驳，小米的本质是互联网企业。因此，小米最初就是把未来的智能手机当成电脑做：小米的手机可以装载不同的操作系统；小米的系统能应用到所有的安卓手机上，这是PC工业最为常见的“软硬件分离”模式。但是，首次将其引入中国手机制造业的人却是雷军。

其次，一切以用户体验为主。用户在购买手机时，习惯在实体店比较后再购买。网络是虚幻的，看不见摸不着，消费者对网络购买大多有天然的抵触心理。便宜的，大家会担心质量不好；价钱贵的，又担心品质跟不上。中国有句深入人心的俗话："买的不如卖的精。"诚信缺失是首要原因，各种坑蒙拐骗现象在互联网时代表现得尤其明显。然而，小米却创造了35分钟卖10万台、达到2个亿销售收入的纪录，必定有其过人之处。

"大家觉得手机不适合在网上卖，是因为体验的问题。"雷军一针见血地道明核心问题，同时也和盘托出小米的秘密。他说："让人在没有用过的情况下，已经对我们的产品有了体验，鼓励发烧友发布体验，鼓励各个测试机构试用。"据说，雷军的手机通讯录存有1000多个小米粉丝的电话号码。在这些"米粉"的参与下，小米的创新多达200多项：上百种主题风格的解锁方式、群发短信前自动添加名称的功能、用户没有接听电话时友好提醒来电方的开车模式……这些创新都是从用户体验出发，口碑很好。

一位"米聊"用户给雷军提意见："因为停电被困在黑暗的电梯里，在手机上却找不到手电筒图标。雷总，能不能添加容易找到的手电筒功能呢？"没过多久，MIUI新版本中就出现了长摁Home键打开手电筒的功能。

雷军曾发布一条微博："滑雪时有朋友丢了一部手机，一下子就觉得这两个功能越来越重要了：寻找手机位置、远程删除所有数据。主要原因是今天的智能手机更像电脑，除了通讯录和短信外，还有邮件和各个网络服务密码等私人数据。”有人很快跟帖表达了同病相怜的苦楚：“雷总，我手机都掉了两部了，解决一下掉手机的问题呗！”很快，小米增加了定位找回功能。

最后，以电商渠道为主的销售方式。2010年1月，谷歌公司推出了一款在网络渠道销售的手机，然而好景不长，这款手机在全世界范围内只卖了5万台就被迫偃旗息鼓。因此，当雷军提出小米手机要在互联网销售时，很多人反应激烈：“谷歌都干不成，你凭什么就能干成？”岂料雷军的态度十分坚决。他胸有成竹，深知小米的重要卖点是高性价比，而渠道费用是决定手机成本的重要因素，采用电子商务直销模式，渠道成本能够缩减为零，营销成本就能大幅降低。

小米的电商系统属于白手起家，团队成员主要来自金山旧部及百度、阿里巴巴、腾讯三大中国互联网公司，一共有100多人。初创时期，小米团队组织去凡客、乐淘学习，在抗压能力和系统架构上也借鉴阿里巴巴的经验。如今，小米电商系统可以承受每分钟30万下单量的压力，在2014年4月8日“米粉节”当天约1500万UV的冲击下安然无恙。“米粉节”后24小时内小米物流发货56万单，刷新此前单日峰值发货30万单的纪录。

在互联网时代，所有的产品都是互联网产品，所有的企业都是互联网企业，小米手机的成功绝非偶然现象，恰恰是成功运营互联网思维的鲜活案例。同样，在这个时代，企业如果摒弃互联网思维，就会落后、被动，甚至旦夕之间轰然消亡。

第五节

发掘用户痛点

美国哈佛商学院著名教授克莱顿·克里斯坦森在“需要完成的任务”理论中指出：“只有真正明白客户要完成什么工作的时候，即真正明白你的产品需要帮助客户完成什么任务时，你的产品需求才能开始启动。”

很多年前，在诺基亚称霸手机市场的全盛时期，作为手机发烧友的雷军就曾向一位诺基亚全球副总裁提过意见，交流分享对手机设计的看法。然而令人遗憾的是，对方的回答充满无奈：“你说得很对，但我们就是没法改。”言犹在耳。2013年9月，诺基亚旗下大部分手机业务和专利被微软收购。诺基亚的衰亡，给互联网时代的管理者留下了深刻的教训：一定要用心了解消费者的需求，喜欢哪些功能，讨厌哪些特性，遇到哪些困惑，都必须挖掘出来，如此才能获得消费者的好感。

关注用户需求，发掘用户痛点，正是小米脱颖而出的优势之一。雷军自信地说：“小米会听你的意见，而且还是你说了算！”小米手机上市之后备受追捧，在很短的时间内就成为国内手机行业的领跑者，一个重要原因就是“痛点思维”：了解用户最不满意的地方，通过功能改善缓解给用户造成的或轻或重的痛点。这些痛点正是小米产品创新的源泉。

小米的“痛点思维”并非无迹可寻，乔布斯就曾用以消除用户“痛点”为主导的苹果手机成功打败诺基亚手机，颠覆了手机行业的商业模式。iPhone诞生于乔布斯的突发灵感。有一次，他和公司高管坐在一起互相抱怨有多痛恨自己的手机，无奈和愤怒过后，他猛然意识到，消费者肯定有同样的烦恼，为什么我们不能制造一款用着舒服的手机呢？就这样，iPhone手机横空出世。同样，雷军进入手机行业，多少也与诺基亚全球副总裁漠视他的痛点有关。痛点即需求，痛点即商机。

小米产品创新的原则是发掘用户痛点，并将痛点适度放大，进而达到激发用户去解决痛点的需求。“发烧友手机”是极客才会去刻意追求的体验，小米却以此为口号，把这种热情传达给所有用户。小米不遗余力地对很多看似“多余”的细节不断改进，做一些很多企业认为“画蛇添足”的事情，就是希望引导消费者去关注痛点，进而超越用户的期待。

乔布斯曾说：“知道自己想要什么并不是消费者的任务。”小米也有类似的观点，了解用户痛点，不能等用户喊出来，而是要真正地用心去洞察用户需求，不仅要做调研，关注各种反馈数据，而且要换位思考，用心体验。

雷军是小米产品最用心的体验者，经常冲到产品开发一线。有一次接受记者采访时，雷军发现了一个痛点：很多记者用智能手机录音会遇到被打进的电话打断、录音时间太长突然中断等状况。针对这些问题，在MIUI V5中，雷军以产品经理的身份，设计了MIUI V5的录音机功能。在一次交谈中，有朋友问雷军，如何将手机屏幕截屏存成图片。他了解到这个需求后，直接找到产品经理："很多用户需要这个功能，但是我们的快捷键功能很多用户不知道怎么用。有没有更简单的方法，让用户不用我们教，也能方便地截屏？"很快，MIUI通知栏下拉菜单的开关切入页面就加入了一键截屏的功能，用起来非常方便。

从金山离开之后，雷军曾有过一段专职做天使投资人的经历，每天要打4个小时的电话，大多的电话肯定要用耳机接听，耳机的第一个痛点是耳机线很容易缠成一团，用起来要花费时间整理。与其他常见的耳机一样，小米的耳机线以前也是圆线，后来改用扁平线，因为扁平线不容易打结。耳机的第二个痛点是放在口袋里容易脏，小米采用橡胶绕线器，不仅将耳机收纳得很整齐，而且看起来很美观。

传统企业想了解用户需求，会经过层层的数据传达，速度很慢，流程烦琐，滞后情况严重，小米很巧妙地通过社区解决了沟通难题。小米社区每天都会有很多粉丝在线，他们会在社区表达真实想法，那些抱怨、批评的声音就是用户痛点，小米都能在第一时间发现。

小米对于用户痛点有种锲而不舍的求真精神：**“如果确定一个需求点是用户痛点，就死磕下去。”**不管在解决痛点的过程中有多大的困难和阻力，都要以不怕头破血流的精神不断深挖，一丝不苟。

在现实生活中，人们常常会有各种卡“搞不清”的苦恼：门卡、公交卡、信用卡、银行卡、图书卡等，这也是生活中的一大“痛点”，其中蕴含着不可估量的市场潜力。MIUI负责人洪峰认为：“虽然有困难，但有困难也说明有门槛，小米能够获得成功的机会就越大。”于是，MIUI展开了一系列试验：用手机替代门卡。小米的初步设想是建立与小米手机可以配对的门卡系统，小米员工可通过刷手机进入办公区。这个试验让MIUI团队很兴奋，如果成功了，小米会让很多人觉得这是一家很酷的公司；如果这个系统推广到全国，又会引发更多粉丝用户的“尖叫”。

第六节
专注精品，追求极致

在公开场合，雷军曾引用过乔布斯的这句话：“专注是极富力量的，而创业公司是非常需要专注的，专注就是说‘不’，就算是已经极好的东西也要说‘不’！”乔布斯让苹果从1997年亏损10.4亿美元变成1998年赢利3.09亿美元，起死回生只用了一招，那就是专注。雷军感慨：“乔老爷子在一次产品战略会上发飙了。他在白板上画了一条横线和一条竖线，画出了一个方形四格图，在两列顶端写上‘消费级’‘专业级’，在两行标题写上‘台式’和‘便携’，他说，‘我们的工作就是做四个伟大的产品，每格一个。’说服董事会后，苹果高度集中研发了Power Macintosh G3、Powerbook G3、iMac、iBook四款产品。当时苹果离破产也就不到90天。”

雷军强调：“专注对每个人都非常重要。”创立小米之初，雷军就坚决贯彻专注原则，小米只做一款手机，也只有一个名字，就叫“小米手机”。在手机配置方面，只做顶级配置的手机，同时还要做到性价比最高，至于手机的销售则主要靠网上在线销售。雷军说："当我自己做手机的时候，高度认同乔布斯的'大道至简'，越简单的东西越难做。出一款手机，对手机公司来说是再容易不过的事情了。但只出一款却非常难。如果只出一款，你需要有足够的自信，你得坚信你做的这款手机是天下最好的。如果你不自信就做100款，如果你自信就只做1款，说起来容易做起来难。"

"极致，与生俱来。"这是小米手机2S发布时的一句广告语。"极致"也是小米成功七字诀的重要一环，是小米团队坚持的重要理念之一，甚至被互联网创业者奉为圭臬。雷军说，**极致是做到自己能力的极限，极致就是要做到别人想不到、看不到的东西，而且要做得非常好**。

外界曾批评小米是山寨iPhone，雷军怒摔手机，以证明自己的"极致"追求。**"伟大的作品是根本不可能抄袭的。如果小米还会被别人抄袭，那是因为我们做得不够好！"**乔布斯曾放言，5年之内iPhone将不可超越，事实的确如此，并非他狂妄自大。iPhone无人企及的原因就在于它能做到极致，这样的产品空前绝后，很难超越。雷军孜孜以求创造出属于小米的"极致"，不管是外观、包装，还是软件、硬件，甚至只是一些小小的细节，小米都在努力做到"极致"。

雷军曾说："大家能不能少做点儿事？能不能只做一件事情？少就是多，专注才有力量，专注才能把东西做到极致。"创业之初，雷军就坚信：为了保证做出极致的产品，必须要有极致的供应商。小米起初寻找供应商的道路异常艰辛，最好的供应商往往不缺有能力的买家，而小米只是一家小公司，在手机行业丝毫没有名气，能力尚未被认可，但是小米团队硬是通过艰苦卓绝的谈判，联系了100多家供应厂家，见过1000多名供应商代表……最后终于敲定高通、夏普、三星、LG等元器件供应商和英华达、富士康等代工制造商。

“极致”保证了小米在竞争白热化的手机市场脱颖而出，并在上市大半年后，市面上同等配置的手机依然鲜见。2014年7月推出的小米4手机就是处处追求极致。这款产品2013年2月就已立项，整个开发过程耗时18个月。如此长的开发周期在瞬息万变的手机行业非常不容易，小米耐住寂寞，用时间诠释了“极致”理念。在产品发布会上，雷军现场解说小米4的钢制边框，从一块309克的钢板到19克的精致工艺边框的过程，制作时间长达 32小时。业内人士评价，雷军用极致精神完成了“一块钢板的艺术之旅”。

在小米4第一次工程机的试用过程中，机身整体重量为159克，雷军觉得“有点儿重”，要求重新设计，把不锈钢的中框结构替换为铝镁合金，这意味着整个项目组几个月的努力前功尽弃，仅此一项就让项目延期两个月。结果，机身整体重量减轻10克。有人评价：“正是因为雷军的这种极客追求极致的精神，让小米产品在4年中完成了小米公司的成人礼。”

雷军认为，默认壁纸决定“米粉”拿到手机后的第一视觉感受。小米对此十分重视，邀请众多“米粉”投票决定默认壁纸，小米打出的口号是“你的决定可以使小米更丰富”。微博倡议发出后，很快引得无数粉丝投票，最终得票最高者胜出，意见被采纳。

小米手机包装盒的外观看起来十分简单：原色纸张，没有过多的印刷。然而小米放出的宣传视频内容却让人对它刮目相看：一个将近200斤的胖子站到小小的包装盒上，不仅包装盒安然无恙，里面的手机也没有任何损伤。通过这一视觉冲击力极强的对比，用体重肥硕的胖子证明了小米包装盒的抗压能力。小米公开表示包装盒可以承受重达85公斤的压力，有了这款强劲的包装盒的保护，再不负责任的物流配送也不会影响到手机的安全。

在传统科技企业的生存法则中，销量是第一位的，每年推出若干新品，即使无一亮点，也尚可维持生存。但是小米拒绝平庸，追求极致，与苹果的经营哲学高度一致，做一款产品出一个精品，并将用户体验做到极致。小米通过这种极致精品的做法将单品带来的集聚效应发挥到最大化。

同时，专注精品带来的另一大好处是在用户群中制造稀缺性，让产品带有很强的神秘色彩，引发更多人的关注，激发购买欲望。这一点在乔布斯时代的苹果身上已经得到充分印证：**距离让产品更有价值**。

做到极致，就是做到了别人达不到的高度，这样更能保证自身的核心竞争力。小米手机上市大半年后，市面上仍旧没有出现同等配置的手机，就已经证明极致保证了小米在竞争激烈的市场中脱颖而出。雷军说：“如果小米还会被别人抄袭，那是小米做得不够好，好的东西是不可能被抄袭的。所以 小米根本不怕别人山寨，因为被山寨，那就是小米自己做得不好。”

专注精品，制造稀缺，这是小米一直在走的路线。越是消费者个性化细分的时代，产品越需要聚焦。传统制造业的粗放、模糊生产的理念不应该在互联网新型制造业中延续，企图“广撒网”、多生产产品来满足所有消费者的需要，最终将无法实现与消费者的对接。聚焦精品，才能赢得粉丝。

第三章

创新：

做别人没有做过的事情

创新的秘诀

小米模式总结起来就是做最好的颠覆性产品，不需要任何渠道，用成本价零售。

小米式营销“三大方法”：把新营销当作战略；做服务；涨粉丝。

对用户而言，小米是他们的，他们参与过就有了拥有感。同时，小米有很多的不一样，有个性，而任何时候的年轻人都喜欢不一样。

我们在做每一个产品的时候都是先寻找一个有很大用户需求的点，一点点地扩张开来。

把体验做透就是把功能做成体验。当一切从用户体验的角度出发的时候，创新就有了标准。

第一节
创新的本质问题是要容忍失败

雷军说："创新就是要做别人没做过的事情，或者是别人做过没有做成的事情。这样的事情一定不容易，它们有个特点，就是风险特别大。"

但是风险大的事情大公司一般不会做，创新的主体往往是小公司，只有创新才能活下去。不过，没有哪一家企业不因创新而崛起，因为不创新根本无法做大，也不会变得优秀。对于创业者而言，最大的考验是有没有承受失败的勇气；对于整个社会来说，要宽容对待失败者，为失败者鼓掌，这是社会对创新的贡献。雷军说："我们这个社会上如果没有容忍失败的环境的存在，创新是很难持续的。创新的本质问题是要容忍失败。只要有一个容忍失败的大环境存在，我们整个中国的社会和工业就能往前推进。"

在创办小米之初，雷军遇到的最大困难是谷歌手机已经失败，很多人认为谷歌做不成的事情小米更做不成。雷军则逆向思考，略带调侃地说："反正小米在做手机之前已经有了谷歌这个挡箭牌，即便失败也不是不光彩的事情。"回顾40岁出山创业的心路历程，雷军说："人生最痛苦的是两件事，第一件是得不到，第二件就是怕失去。小时候创业，输了无所谓；现在过了不惑之年，几乎所有人都变成怕失去。创业输了，我会输什么？不过就是面子，其实谁在乎，这个世界上每天都有人输，你能记住几个输掉的创业者名字，不要把这太当回事。"

想清楚创新可能带来的利弊和毁誉，雷军的心态变得平和沉静，也放下了心理包袱。在创办小米初期，雷军提出了四大创新：

第一点是用互联网方式打造一个手机品牌，并且几乎全部在网上销售。以今天的视角来看，这样的创新简直不值一提，互联网打造品牌并实现网络销售已司空见惯，但是在几年之前，谷歌在网上只销售了10万台Nexus One，所有人都在质疑坚持同样方式的小米。好在，雷军通过一点一滴的创新，做成了谷歌没有做成的事情。小米通过模式创新改变了传统手机的成本结构，达成了最高的性价比。

第二点是遵循"铁人三项"，也就是软件、硬件、互联网服务一体化。雷军说："我们一上来就选择'铁人三项''十项全能'，这是我的游戏规则，我追求的是综合体验。""铁人三项"最大的创新就是引入硬件和软件都向公众开放的机制，让用户参与研发，任何意见和反馈都会迅速得到回应，提升所有人的参与感和拥有感。虽然这种做法可能招致批评与责骂，有负面声音出现，但并不影响实际销量，因为规模庞大的“米粉”会通过口碑影响更多人。

第三点是快速迭代。操作系统的稳定性与手机的稳定性紧密相连，如果质量做不好，对客户影响很大。小米要求一周快速迭代，两天规划功能、两天开发、两天测试，每周工作六天，最初两年小米安排员工每周末加班以适应每周快速迭代。另外，快速迭代意味着手机芯片遵循摩尔定律：每过一个季度，芯片就要降价。小米根据摩尔定律和传统手机厂家的策略反其道而行，按照发布时的成本定价，直接将价格拉低到行业平均水平的一半，这种定价方式前期可能亏钱，但从长远来看是赚钱的，小米也因此被批评为“期货公司”。

第四点是粉丝文化。传统经济模式中，企业和消费者之间是买卖关系，小米通过粉丝经济将买卖关系进化成朋友关系。刘德认为，过去是买的不如卖的精，传统的线下市场存在信息屏蔽，消费者很少有发言权，没有倾诉通道。在互联网时代的新型市场环境中，买的和卖的一样精，双方都有获取信息均等的权利，互联网成为巨大的舆论通道，用户提出的问题会被放大，用户拥有发言权。消费时代的变化决定小米必须有创新思维——把用户当朋友。刘德说：“米粉想要的，就是小米会做的。”

所以，小米模式总结起来就是做最好的颠覆性产品，不需要任何渠道，用成本价零售。这也是小米的创新之处。

雷军如数家珍地总结小米的创新之道，却并未收获包容或鼓励的掌声，反而遭到各界的冷嘲热讽，几乎每一点创新都饱受争议：用互联网方式打造品牌并在网上销售，这种大胆的突破被一句“这种方式没有像乔布斯发明智能手机那么伟大”而抹杀得一干二净；“铁人三项”被认为抄袭苹果模式，连雷军本人都被讥讽；因快速迭代设计的定价策略，被批评为搞饥饿营销、玩手机期货；就连雷军最自豪的粉丝文化，也被责备成忽悠、洗脑、造势。纯电商渠道设计、不靠硬件盈利的商业模式、社会化媒体的低成本营销、高性价比的产品布局……小米所有的创新都有人冷嘲热讽，这是一条注定在争议和批评中成长的创业之路，不是唯独小米一家公司，几乎所有具有明星气质的现象级公司，都会承受同样的舆论压力。

“不鸣则已，一鸣惊人。”像春秋战国时期的雄主楚庄王一样，雷军身上也有这种典型的湖北人气质，他暗暗憋着一股劲。想当初，14个人从零开始创办小米，短短3年时间估值就达到100亿美元，一些世界级投资机构都认为估值100亿美元不可想象，而且还是一家中国公司。小米的创新看起来没有乔布斯那样伟大，但也是颠覆所有人想象的惊世之举。三五年后，当小米突破1000亿元的规模，成为一家全球性的新一代消费巨头时，或许大家就能理解小米的创新了。

第二节

站在风口上，离成功近一点儿

雷军有一句口头禅：“台风来的时候，连猪都可以飞。”这句话在企业界流传甚广，并由此衍生出一套“飞猪理论”：看准时代风向，倾尽全力顺势而为，从而找准创业的“台风口”。

人的成功，特别是大成，跟找到台风口的高度相关。雷军用自身的经验告诫中国创业者，呕心沥血经营多年，在中国知名度很高的金山集团，依然属于“小成”，它之所以痛失“大成”，就因为错失了互联网这个“台风口”。雷军组织研发的金山软件在20世纪90年代十分畅销，但是在1999年，当互联网台风袭来，金山却置身于WPS事业之中，将大部分精力月来对抗微软，看到互联网的存在，却无暇深入思考。2003年，当雷军终于有时间抬头看路时，金山已经被同时代的其他公司抛在身后。

雷军曾感慨：“小时候以为，聪明加勤奋，天下无敌。于是夏练三伏，冬练三九，20多年过去了，修成‘IT劳模’。一日梦醒，才明白，人生的牌桌只和了两把屁和。愧对江东父老，甚憾！要想大成，光靠勤奋和努力是远远不够的。” 这种挫败感一度令雷军十分苦恼，冥思苦想，他终于弄明白主导未来世界发展潮流的产业是互联网，这是大势所趋，是时代的选择，这股洪流非人力可以逆转。

从20世纪80年代开始，苹果创始人史蒂夫·乔布斯就始终没有与互联网分开过。iPhone2007年发布时，雷军就意识到一个新的时代即将到来。而2008年Android、Android手机陆续推出，进一步让他坚信：移动互联网将会替代PC。在以苹果为代表的高端手机生产商掀起的智能手机大潮中，Android 将成为“强台风口”。

然而，小米公司在2010年4月才成立，两三年前就发现台风口，为何雷军行动如此迟缓？因为他要对“新时代的领头羊”做深入研究。

iPhone问世之后，乔布斯被推上神坛，苹果也拥有成千上万的粉丝，雷军就是其中之一，他对苹果手机的热爱到了狂热的地步。全世界为之疯狂的iPhone是否无法超越？众人追捧的Android、Android手机是否无懈可击？作为一名手机发烧友，雷军逐渐发现iPhone手机有很多不足之处：信号不是十分稳定，待机时间短，手感也不太好……可是即便这样，iPhone依然高举高打，以高价格、高销量在全球市场摧城拔寨，所向披靡。

Andirod系统一经问世就备受推崇，市场份额越来越大，前景一片大好。然而，用户对Andirod手机的体验却怨声载道：耗电太快，动不动就没反应，流量耗费特别快，经常有各种随时随地弹出的窗口、广告……面对这些用户“痛点”，雷军有了最初的创业想法：自己做一款手机，即便不能和iPhone媲美，也要做一个比Andirod更完美的系统，尽可能地让用户体验更好，更加满意。

雷军曾经说过：“小米的成功有85%是运气，还有15%是自己的努力。”2012年是智能手机爆发的一年，小米站在风口上，几乎疯长地实现100%的增长。原定30万台的销量不断被刷新：200万、400万……最终的数字定格在719万台，这个成绩让包括雷军在内的所有人大吃一惊。

从决定做手机开始，小米就站在巨人的肩膀上，借助苹果孕育的智能机市场和Andirod系统平台，实现“青出于蓝而胜于蓝”的超强效果。**一直以来，人们对创新都存在一个可怕的误区，认为创新就是做出前无古人后无来者的东西，推崇开天辟地的路径，追求一鸣惊人的效果，但创新的精髓在“创”而不在“新”，所有改变世界的发明、全球品牌的创新，几乎全部遵循“渐进式改良”的模式，先模仿、学习，再创新、超越。**

众所周知，飞机是由美国的莱特兄弟发明的。1903年12月17日，威尔伯·莱特和奥维尔·莱特轮流将一架造型简陋、后来被称作“飞机”的怪物开到天上去，这个壮举意味着地球引力从此失灵，人类翱翔宇宙的历史正式书写。然而，不为公众所知的真相是，莱特兄弟最早在19世纪90年代前期就从媒体、照片上知悉了德国航空先驱奥托·李林达尔的动力滑翔机，也听说过各种蒸汽动力无人飞机和滑翔机试飞的故事。莱特兄弟只是改进飞机并亲自飞上天，却成为世人公认的飞机发明者。同样，无论是奔驰、宝马，还是苹果、三星，这些世界级顶级品牌的创新，都是“站在风口上”获得成功的。

模仿、学习，这是雷军对乔布斯的致敬方式，也是颠覆一个行业的必经之路。纵观中国互联网发展史，巨头的崛起轨迹莫不如此，马化腾、马云、李彦宏分别以通信软件、电子商务、搜索引擎为“利器”，通过上市率先跨过100亿美元门槛，支撑起整个互联网的梦想。但是，马化腾的QQ模仿以色列几位网迷创造的OICQ，却通过娱乐化和本土化的方式大获成功；马云的淘宝网模仿美国eBay，却以免费的模式将“鲨鱼”赶出了长江；李彦宏的百度是Google的中国翻版，却通过中文优势和单点突破稳坐中国搜索引擎老大的宝座。对于质疑，马化腾曾毫不避讳地说：“模仿是最稳妥的创新。”

华为总裁任正非也曾直言不讳地说：“人家已经开发的一个东西我照搬过来装进去就行了，因为没有技术保密问题，也没有专利问题，装进去就行了，然后再适当做一些优化，这样才是真正的创新。那种满脑子大创新的人实在是幼稚可笑的，是没有希望的。”华为对创新的理解是：坚持资源共享原则，在70%模仿的前提下，进行效益最大化的创新。

但是，很多企业家对模仿不以为然，甚至嗤之以鼻，“山寨”曾是“剽窃”与“抄袭”的代名词。在这个急功近利的浮华时代，人们认为创新可以凭空实现，异想天开与天马行空的“创新精神”总能收获掌声和鲜花，务实的尝试往往遭遇打击，“邯郸学步”“东施效颦”更是传统观念中任人嘲笑的愚蠢举动。

其实，这些浮夸、虚荣的创新理念，才更可笑。

第三节

微创新，从小处着手

关于创新，雷军特别强调："一定要从小处着手，从一点点事情着手，也许这一点点就能改变世界。电的发明、蒸汽机的发明，在发明的一瞬间，可能没有人觉得有多了不起，但是经过几十年的应用以后，这个东西就变得越来越伟大。就像电子商务，十几年前就是在网上买东西，但是十几年后改变了整个行业的连锁商态。"他还提出对于创新观念的另一个偏差："大家理解的创新就是识破天机，就是一上来就颠覆，可是大家有没有想过，正是这一点点的变化才会产生很大的变化。"

"一点点的变化"被科技商业观察家金错刀定义为"微创新"，即微小创新。根据他的研究，微创新就是以每一个用户为中心的应用创新。它有三个特征：微小刚需、微小聚焦、微小迭代。微创新大于技术创新，它的创新模式是用户在上面，公司在下面，一切围绕着用户。这种创新不是让你什么都颠覆，即使在现有基础上，经过不同的组合、排列，就会产生很多不同的效果，就像田忌赛马。

金错刀认为，微创新的本质是“一针捅破天”，只要找到产品最大的痛点和亮点，哪怕解决用户很小的一个刚需，也能产生不可估量的巨大能量。在他看来，微创新是小米产品经理的第一秘密武器，也是小米4年来迅速崛起的方法之一。小米的产品并没有达到彻底颠覆的境界，却依靠细节上的微创新，真正解决了消费者的痛点，让消费者对原本忽视的痛点关注起来，从而引发更多人抢购。

微创新理念的核心是一切以用户为中心。假如企业不能深度理解用户，将很难找到创新点，会被用户抛弃。所有微创新的背后都是企业对用户的深度理解。在互联网世界，只是简单地理解用户远远不够，因为对手可能理解得更深，他们的产品、服务也就更贴近用户，让用户尖叫的概率更大，更具有竞争力。

尽管公众并未感受到小米具有划时代意义的革命式创新，但国内外观察机构已经感受到小米微创新带来的变化：雷军获得第七届周光召基金会科技奖的“技术创新奖”，小米盒子、小米电视获得第八届北京发明创新大赛特等奖，美国《快公司》杂志把小米评为中国最具创新性的公司之一。多年以来，中国企业长期以来被批评缺乏创新意识，国产手机品牌不过是苹果、三星的陪衬和附庸，小米的快速崛起，似乎正提前实现超越的梦想，包括在创新方面获得焕然一新的变化。

但是，无可否认的是，被媒体称作“东方的苹果”的小米身上具有浓烈的苹果印记，从产品设计、产业链整合、营销方式到售后服务，甚至新品发布会的风格和装备，人们一眼就能看到苹果的影子。小米不久前推出的基于安卓操作平台的**MIUI 6**就被外媒批评抄袭苹果iOS移动操作系统。

创业最初两年，小米手机经常被拿来跟iPhone做比较，并被有心之人指摘为“山寨苹果”，各方面做得都比iPhone差。雷军并不反驳，他甚至在微博上承认小米与iPhone有很大差距，但是，“我们改得快，每周发布一个新版，坚持下去，一定有一天，绝大部分用户会觉得我们的手机体验更好。”雷军坚信，通过细节的不断改进，小米一定能够赢得更多用户的青睐。

小米全球副总裁、前谷歌安卓产品管理副总裁雨果·巴拉（Hugo Barra）对小米抄袭的指责辩解说，他厌倦了人们发表哗众取宠的言论，指责小米抄袭苹果是因为人们还没有见到真机并上手把玩一番，他认为小米是一家非常具有创新精神的公司。

关于抄袭的批评和非议，微软、苹果、三星三大世界级科技巨头都曾遭遇过：苹果抄袭了施乐的用户界面，微软的Windows系统抄袭苹果，三星也因为苹果的重要功能惹上专利官司。这三家企业在收获巨大商业利益的同时，也背负了沉重的道德枷锁。关于专利和创意的争论，是一场永无休止的战争。从某种意义上说，抄袭接近但并不等同于微创新，而某些专利权之争，可能是“微创新”不够埋下的祸患。

小米并没有抄袭、照搬、克隆苹果，在零部件和产品功能设计上都有其独到之处，但肯定模仿或借鉴了苹果的风格和理念。雷军并不避讳谈论苹果，在2014年7月22日的小米4发布会上，他还多次谈到苹果的产品，并提及专门拜访过苹果手机的制造商，以获取小米提升的途径。发布会结尾时，雷军还以苹果的惯用口号“one more thing”作结。

过去的30多年间，中国企业习惯并擅长微创新，将欧美、日韩发达国家的先进产品或技术加以改进、复制之后引入中国，继续发挥甚至提升产品价值，享受创新红利。毕竟做增量改进的回报巨大，而颠覆式发明创造的风险太高，所以突破性创新的动力不够。换句话说，中国的市场环境和消费习惯，决定了小米这一类后发型创业公司的创新路径。

不要小看微创新的力量，过去10年内在中国败退的跨国巨头，从过去的贝塔斯曼、百思买、谷歌、雅虎、eBay到如今颓势初现的沃尔玛、家乐福、DHL，都是败在微创新上。水土不服的另一种解读，就是没有找到产品和服务的痛点，无法深度理解用户，没有做到一切以用户为中心。对于所有已经或即将进入中国的外资企业而言，微创新是必须具备的意识和能力，只有这样才存在赢的可能，否则仍将一败涂地。

前世界银行首席经济学家林毅夫对全球经济和商业形势非常了解，他也认为，这种模仿加改进的方法非常适用于目前的中国，中国的创新不一定非要走发明创造之路。

第四节

“用户扭曲力场”

小米有句口号：“因为米粉，所以小米。”这是小米文化的最精练表达。业界有个共识，认为小米最成功的一点就是塑造了独具个性的粉丝文化，并将其总结为“百万级用户参与的粉丝经济学”：让粉丝成为小米代言人，不仅能宣传小米手机的优点，还能主动维护小米的品牌形象，让用户有深度参与感。粉丝队伍像滚雪球一样日益壮大，会逐渐形成一个看不见、摸不着，却势能超强的“用户扭曲力场”。

“用户扭曲力场”借用“现实扭曲力场”的概念，这个词语来自电影《星际迷航》，描述外星人通过自身的精神力量建造全新世界的故事。早期参与乔布斯主导的麦金塔电脑项目的软件工程师安迪·赫茨菲尔德在其著作《苹果往事》中，以“现实扭曲力场”形容乔布斯的强大气场：骇人的眼神、口若悬河的表述、过人的意志力、扭曲事实以达到目标的迫切愿望及所形成的视听混淆能力。小米营销负责人黎万强再次借用这个概念，打造出独具小米特色的“用户扭曲力场”：让用户有深入的参与感，通过追求极致的强大精神力量亲手打造小米帝国。

2011年5月，黎万强接手小米手机营销任务。他最初精心策划出一套成本5000多万元的推广计划，信心满满地交给雷军，却被一口否决：“你做**MIUI**手机操作系统的时候没花一分钱，做手机是不是也能这样？”黎万强为此绞尽脑汁。他深知需要依据产品特性做运营，显然，小米的产品特性不能完全依靠传统的互联网推广方式，他选择在金山时期已经被证明的最有效、最不花钱的手段——通过论坛做口碑。

营销方向确定，小米基本放弃众多互联网企业蜂拥的电视广告、户外广告等主要宣传渠道，自创小米式营销“三大方法”：把新营销当作战略；做服务；涨粉丝。这样一条开创性的路子，逐渐把“论坛+微博”变成新的杀伤级武器。

第一个方法是把新营销作为战略。面对零预算的现实，黎万强“被迫”选择社会化的营销手段。早在营销**MIUI**时，黎万强和团队每天的一项重要工作就是在一些有名的Andriod论坛灌水发广告，历尽千辛万苦终于拉来1000人，从中筛选出100人作为超级用户，参与**MIUI**操作系统的产品设计、研发、反馈。这100人也是**MIUI**操作系统的点火者，是小米粉丝文化的源头。

2010年，微博大爆发，小米营销团队迅速抓住机遇，将其作为小米品牌推广的主要战略。小米几乎把微博玩到极致：微博转发的衰落期约为三小时，小米每两小时发布一次奖品信息；晚上

10点是一天中最后一个微博流量的高峰点，小米的抽奖活动截止时间设定为晚上10点；周末微博的流量最低，小米的活动多在工作日推出。到2014年9月，“小米公司”的粉丝超过400万，“小米手机”的粉丝接近1100万，雷军的粉丝超过1100万……

2012年9月，互联网监测研究平台DCCI互联网数据中心发布《2012中国微博蓝皮书》，通过对微博用户的调查，DCCI宣称：微博用户总量约为3.27亿，19岁及以上的微博用户占比达到88.81%。而且，超过半数用户看到微博平台上的电子购物信息会进入电子商务网站进一步了解和操作，还有接近50%的用户会主动点击微博上的电子购物产品链接或图片等。这份报告令雷军豁然开朗，他创新性地把小米营销渠道移到微博上，并创造微博营销的诸多新纪录。

随后，小米进军微信。黎万强说：“我们把微信服务当成一个产品来运营。”小米每周举行一次小型粉丝互动活动，每月举行一次大型粉丝活动，这些活动让“米粉”数量激增，仅仅4个月就突破百万大关，成为企业类账号中名副其实的超级大号。这些微粉丝中有40%～50%的人会经常参与小米每月举行一次的大型粉丝活动，极大地提升粉丝对小米品牌的忠诚度，对销量促进也很有效果。

虽然微博、微信等新渠道令小米迅速形成口碑，但黎万强并未放弃论坛。他说：“论坛还是我们用户的大本营，一些深度的用户沉淀还是会通过论坛来完成的，毕竟在微博和微信上你所能够提供的方式是有限的，用数据库的管理也是一个问题。对于微博来讲，我认为微博本身还是一个媒体，在客服的管理基础上，会有很多天然的这种营销传播的优势。微信，我们更多的是把它当成客服工具来用，还没有想把它当成营销工具，因为它本身是私密圈子。”采用新旧渠道配合互补的方式，立体战略效果才会显著。

第二个方法是做服务。**全民都是客服，客服就是营销**。小米对客服人员有一条严格的规定：必须在15分钟内快速响应，第一时间为粉丝服务，为此还特意开发了一个专门用于客服工作的平台。用户在微信上的评价会被自动抓取到小米专门开发的平台上，利用这个后台可以设置人工回复的关键字、回复的范本、管理用户等。面对百万粉丝的热情，小米数十人的客服团队仍旧游刃有余。

小米“全民客服”的理念源于雷军对海底捞经验的汲取，他鼓励所有团队成员都近距离地接触用户。就连雷军本人每天也会花一小时回复粉丝的评论，为他们“面对面”服务。平均下来，小米每个工程师每天都需要亲自回复大概150个帖子。用户还可以知道是哪个人在处理自己提出的问题，让用户有一种被小米重视的感觉，并因为这种重视而更爱小米。

第三条方法是涨粉丝。小米涨粉丝的“秘密武器”是打造小米团队的个人传奇，包括把雷军树立为“中国乔布斯”的方式，并利用事件营销。其中最有影响的故事是2012年小米手机青春版发布时，电影《那些年，我们一起追的女孩》正红遍大江南北，小米的7位合伙人拍了一系列海报、微视频，一群老男人集体卖萌，吸引了大批粉丝和媒体的关注。这次营销还运用了小米屡试不爽的有奖转发送手机活动，3天时间赠送36部小米手机。“青春版”微博转发量达到203万次，粉丝增长41万人，效果惊人。

小米营销的“三大方法”是形成“用户扭曲力场”的巨大推力。“用户扭曲力场”既是小米企业文化的创新，更是商业模式的革命。

第五节 让发烧友获得成就感

在小米目标用户中，90后毫无疑问是最重要的群体。一份针对90后的调研报告显示：90后一代呈现出碎片化的大趋势，任何明星都不可能吸引90后群体中10%的人数。由于严重依赖互联网，90后也被称为“指尖上的一代”，同时也是“反馈饥渴的一代”——渴求每完成一个动作或步骤都能得到反馈和激励，渴望在产品使用中获得成就感。

“为发烧友而生”追求的就是让发烧友获得成就感。红米手机一经开放预售，就有745万人参与预约，10万台红米在短短90秒内销售一空。黎万强解读说：“这并非只是利用人类的炫耀心理，而是人类自我认知、自我表达的最基本需求之一。炫耀与存在感是后工业时代和数字时代交融期，在互联网上最显性的群体意识特征。”

从现实来看，小米狠狠戳中了90后用户文化价值诉求的痛点，满足了他们表达个性需要和收获成就感的诉求。黎万强说：

“对用户而言，小米是他们的，他们参与过就有了拥有感。同时，小米有很多的不一样，有个性，而任何时候的年轻人都喜欢不一样。”

炫耀与存在感是现代互联网最明显的群体意识特征。小米正是抓住这一点，在创业初期就成功开展“我是手机控”的活动，其实过程很简单，就是让用户晒一下自己用过什么手机。雷军首先炫耀“藏品”，激发其他用户的怀旧情节和炫耀心理，使人们纷纷加入进来。这样一个简单的活动立刻让小米吸引百万粉丝，而小米并没有为此支付一分钱广告费。

雷军向领导汇报工作的时候，曾经把小米公司在互联网动员数百万人一起做手机的行为比作党的群众路线。他说：“小米做手机从群众中来到群众中去，很简单，发动群众，我党的这个光荣传统用在互联网上做手机，最快、最高速、最简单地把大家发动起来，就是你要什么，你觉得什么样好，我们就怎么去做。”

提供用户参与感，坚持和粉丝做朋友。雷军是个手机发烧友，他从实际经验中感触很深：“我原来就给诺基亚高管提过很多意见，他都说有道理，他们最后改了吗？没有。”雷军总结，发烧友其实没有经济目的，只是单纯觉得这个东西如果能改一下会更好。他创办小米的初衷就是聚集一帮人的智慧，做大家都能够参与的一款手机，小米会积极吸取“米粉”的意见，并对产品进行改进。其实，小米的很多设计都是由发烧友提出来的。

在创业初期，小米软件每周更新四五十个甚至上百个功能，其中有1/3的功能由“米粉”提供。其实对于很多购买者而言，制造手机是一件很神秘复杂的事情，自己的建议一旦被采纳，就会主动告诉朋友，从而产生成就感。小米给了几十万人参与的机会，雷军说：“这种方式好比交通广播电台，很多人喜欢听，因为你的短信或电话会被播出。”

除了让“米粉”参与到手机和软件的研发中外，小米还借鉴车友会模式，把用户的消费方式变成聚会娱乐方式，这会让“米粉”更团结。创业初期，小米手机并不被认可，批评、责骂之声四起，“米粉”与小米员工一起承受着巨大压力，但这种四面楚歌的局面却让用户更愿意相信这个新生品牌。因而出现一种外人无法理解的现象：批评的声音越多，炮火越猛烈，小米手机的销量不降反升。

大多数公司都严禁员工在工作时间上网聊天，小米却始终鼓励这种做法，并且要求所有工程师通过微博、微信、论坛、QQ等社交工具直接与用户联系，让他们直接面对每个程序、每段代码给用户带来的变化。如果有新产品发布或上线，他们会第一时间得到用户的反馈，包括表扬称赞和改进意见。为了更贴近客户，小米要求工程师定期担当客服工作，甚至还要求工程师参加和粉丝聚会的线下活动，与粉丝面对面交流。小米公司联合创始人、副总裁洪峰解释：“这样的活动让工程师知道他做的东西在服务谁，他感受到了用户不仅仅是一个数字，而是一张张脸，是一个个实实在在的人。有女用户、女粉丝非常热情地拉他们过去求签名、求合影。这些宅男工程师就觉得他写程序不是为了小米公司写，而是为他的粉丝在做一件事情，这种价值实现是很重要的。”同时，小米粉丝可以清楚地知道反馈的问题究竟是哪个工程师在解答，看到众多工程师的名字亮相，可以激发他们更多的参与感。

参与感是小米品牌理念的灵魂，也是小米团队所有人努力维系的价值观。小米每次举行发布会，主角都是来自全国各地有组织、有热情的众多“米粉”。而小米团队对“米粉”也非常慷慨，入场即获得礼品，不仅有米兔毛绒玩具，还有外界很难买到的小米路由器，如此大手笔的做法怎能不让“米粉”尖叫。

同时，小米还坚持用“极致思维”提升售后服务水平，如小米2014年举行的“小米服务点赞月”活动。全国现有18家小米之家以及超过500家通过授权的服务网点为小米用户提供各项服务，包括免费除尘清洁、全方位检测、刷机等，对超过保修期的小米产品免手续费维修……这样贴心的小米，当然会让更多“米粉”愿意和它做朋友。

给粉丝特权，让粉丝受益。F码是小米Friend 码的简称，拥有购买小米手机的优先权。最初，小米公司的F码获得需要一定的条件，如用户参加小米手机官方论坛上的精华或虚拟币、积分活动等，是一种可以提供给别人在购买小米时无须排队等待的一种促销手段。小米对F码设计的初衷解释为：用F码帮助这些用户第一时间体验到最新的产品，实实在在地让粉丝受益。

第三章

创新：做别人没有做过的事情

小米团队一直不断追求的目标就是如何把产品体验做得更好，把产品的美誉度做到用户心里去。有人觉得小米的用户很“疯狂”，其实远远没有认识到小米团队和用户的亲密关系。在小米看来，用户的参与度总是不断超出外界想象，“米粉”对于小米不是单纯的对产品触碰、使用，而是共同成长。

第六节

功能不等于体验

雷军说："很多人会说，小米其实没啥，就是雷军会忽悠、懂营销。我承认我们的营销团队干得非常非常出色，但是我相信他们自己也知道，仅有这些是远远不够的，小米的核心还是小米对待用户的理念，然后小米用心做产品，全方位投入，我觉得这是决定性的因素。口碑营销的核心是管理好用户的预期，这样比较容易超越用户预期，形成正向口碑。"

超预期和口碑的前提，是重视用户体验，而不是围绕功能进行创新。小米用户体验总监、小米路由器产品负责人唐沐旗帜鲜明地指出，功能并不等于体验。很多做产品的人认为搞定产品功能就万事大吉，其实，搞定功能并不是产品设计的终点。他举例说，一个麻将馆老板只管搞定麻将馆的场地就算结束了，其实不然，他可以请用人帮客人看孩子，让女顾客可以尽情打麻将而不必担心被孩子干扰。临近丈夫下班回家的时候，他会提醒女顾客及时回家，免得受到丈夫的责备。他还会提前帮女顾客做好晚饭，让她们带回家。

唐沐的观点也可以总结为“留住用户比赚钱更重要”。在雷军的理念中，小米不是硬件公司，而是互联网公司，本质不是卖产品，而是留住用户。小米成立之初，雷军并不是忙于做手机，而是做MIUI和米聊，期望通过用户体验留住用户，发展小米粉丝。直到MIUI论坛有30万活跃用户、米聊突破300万实名用户，小米手机才正式推出。此时小米手机的最大功能更像是为MIUI和米聊等系统提供落地平台，其根本还是提升体验、留住用户。

小米手机上市初期，曾出现掉漆、后盖缝合不严等质量问题，化解方法就是放弃一些功能上的高难度创新。雷军由此意识到，产品创新应该重视客户的应用体验而不是产品功能。

雷军对苹果做过深入研究，比如苹果很在乎美感、设计，所以小米强调“设计先导”。雷军说：“创业初期，我有个硬性规定——要求所有团队必须有1/3的设计师。无论是产品中的界面、图标、字体，包括米兔、卡通插画等都需要设计师去思考，需要设计师提出意见。”

小米联合创始人、副总裁刘德认为，产品要做到用户“没用也想买，用完不想扔”这个标准。小米内部对产品规划有三个标准：某个设计，如果有存在的意义加正值，存在与否无所谓既不加也不减，产生负面效果加负值。小米的设计非常谨慎，负值的设计会去掉，不加不减的设计会被抹去，只求把每个工具调到最优的方式。尽管这种加减无法体现小米手机的创新和特色，却还原了产品本真，追逐并满足着“米粉”的需求，充分重视了用户体验。刘德认为，创新而非臆想，极致而非极端。极致的产品既是拉动用户的根基，也是竞争的强有力壁垒。

在设计小米路由器之前，小米团队对路由器市场做过深入调查。他们发现，在百度搜索“路由器”三个字，结果显示“如何设置路由器”的问题最多，显然，用户最大的痛点是不知道如何设置路由器。传统路由器设置起来基本需要七八步，并且操作界面十分复杂，还有SSID、MAC、DNS地址绑定等许多让用户难以理解的专业术语，用户体验很差。更糟糕的情况是，工程师通常不会因此认为产品设计做得不好，而是抱怨用户太笨。针对这个用户“痛点”，小米团队进行深入研发，做出只需两步就能完成的路由器设置。

为了真正把用户体验做透，小米团队从来没有停止向难关发起挑战，一直不断践行小米“小步快跑”“快速迭代”的产品理念，从用户角度出发，对产品进行不断地更新升级。比如，在后来的升级版本中，小米路由器就推出“家庭提醒”服务功能，它能够通过识别是哪台设备正在连接路由器，据此获悉整个用户的家人活动情况。比如，当它识别到家庭中，用户妻子的手机连接路由器，就会向用户发送“老婆已到家”的字样。唐沐说：“路由器最重要的是如何提升人对路由器的感知、建立需求。”ID识别功能很多路由器都能做到，而小米换成普通人可以听得懂的话，并且传达给用户。从体验角度上说，小米以很微小的创新与用户拉近了距离。

雷军说：“我们在做每一个产品的时候都是先寻找一个有很大用户需求的点，一点点地扩张开来。实际上，互联网企业都是一点点长起来的，像腾讯、百度这样的企业也都是一点点长起来的，所以单点切入是互联网企业发展很重要的一个原则。”唐沐认为，把体验做透就是把功能做成体验。当一切从用户体验的角度出发的时候，创新就有了标准：能否带给客户更好的体验？能给客户带来什么样的感受？这些问题的答案，就是创新的标准。

畅销书《消费者王朝》的作者普拉哈拉德曾经说过：“公司中心”型创新方式已经消亡。相反，消费者正凭借独一无二的个人经历在创造价值的过程中发挥越来越大的作用。物资匮乏时期，人们购买是为了满足功能的需要，但随着物质条件改善，体验式消费越来越受到人们追捧，只有带给用户最佳的使用体验才能真正打动用户。

第四章

整合：

做价值链的组织者

做价值链的组织者

小米是新型制造业，不搞大而全，全产业链通吃；小米在制造业里专注做自己的专业的事情，在互联网时代的全球分工的基础上实现最优价值交付。

小米是家移动互联网公司，未来靠互联网服务来赚钱，硬件只是微利。

小米做强做大的关键在于，既应该发挥价值链高端优势，也应该注重上下游供应商的合作联盟。

第四章

整合：做价值链的组织者

第一节

战术勤奋，战略也不懒惰

雷军认为：“‘战略与战术’这些名词挺唬人的，其实很简单，战略就是‘对的时间做对的事情’，战术就是‘用对的人把事情做对’。”

在做小米手机之前，雷军信誓旦旦要做一款引领潮流的手机，并且将小米的产品目标定在一个很高的层次上。然而，这毕竟是雷军陌生的领域，这注定是一场历尽艰辛、困难丛生的探梦之路。

对于这一点，黎万强深有体会。当时他正负责MIUI开发和联系手机硬件厂商，在屡屡碰壁之后，他曾自嘲道：“我要是知道做手机这么难，打死我也不进这个行当。当年也就是被雷军忽悠的，当真是无知者无畏，现在总算弄明白为什么那么多人想着逃离这个行当了。”

虽然困难重重，但是认准方向就不会动摇，更不可能回头。为了尽早启动小米手机项目，雷军、林斌这两个原本不懂手机硬件的人不得不频繁约见硬件供应商，新的问题随之出现。雷军要做精品手机，这就意味着整个手机硬件供应商都应该是顶级的厂家，不管是CPU还是触摸屏，都必须是全球领导者。可客观事实是，顶级的供应商往往不缺买家，即使有钱也不见得能谈成业务。雷军在软件行业积累的名声，在硬件领域无法换来认同感，不客气地说，谁管你曾经干过什么。

小米的供应商分为几种类型。一种是关键部件供应商，如高通的手机芯片、触摸屏幕、电池等材料，一般都由品牌厂商购买，直接提供给ODM（原始设计制造商）使用，这样可以将采购权牢牢掌握。对于战略供应商，小米紧密合作，建立战略伙伴关系。由于小米2014年的销售目标提升到6000万台，已经成为合作芯片供应商的重要、核心客户，通过参与芯片厂商的研发、设计，不仅解决了早期设计和量产设计的衔接问题，而且得到芯片的优先供应权。由于销售增长速度高于产能爬升速度，小米在战略部件上也采取冗余供应商策略，在小米3的手机上同时使用英伟达和高通的两块芯片设计，降低某种芯片缺货带来的供应链不稳定的风险。

对于策略型部件，小米宣称都是自己采购分发给ODM使用。小米手机大约有600个部件，全部由小米自行采购，而手机行业的普遍做法是找一家中间商统一采购，这是雷军对既有商业模式的颠覆。

小米零部件供应商统计表（根据公开资料整理）

宝莱高科	OGS触摸屏
欧菲光	触摸屏、摄像头模组
华东科技	触摸屏
深天马A	触摸屏
劲胜股份	结构件
欣旺达	电池
爱施德	分销商
顺络电子	电感
超声电子	OGS触摸屏
联发科	芯片
高通	芯片
夏普	IGZO高性能液晶屏
友达	IPS视网膜屏幕
腾华	触摸屏
介面	触摸屏
嘉联益	柔性电路板
F-臻鼎	柔性电路板
毅嘉	柔性电路板
新钜科	镜头
英华达	组装厂
鸿海	组装厂
F-敦泰	触控IC
联咏	驱动IC
瀚荃	连接器
F-昂宝	供应手机充电器的AC/DC芯片
天宇	手机电池
新谊科技	进口商
中华电信	渠道商
远传电信	渠道商

从以上表格可以看出，小米供应链的主力还是在台湾，在尖端技术上，如芯片、电路板等，与国内厂商相比有很大优势。

有一天，雷军与林斌、周光平找一家供应商谈判，好不容易见到对方负责人，却被简单一句话就打发出去了，他说："要想用我们的产品，先把你们过去3年的财务报表拿来给我看。现在做手机的这么多，谁知道你们什么时候会死掉。"雷军闻言，默然无语。

到了2012年12月，经过漫长的谈判，手机的核心组件芯片供应商终于谈妥，但是触摸屏却始终没有落实。虽然周光平和工程师经过千方百计的努力，却始终没有找到合适的供应商。此时，身为设计部负责人的刘德有点儿坐不住了，他让周光平先去做电路设计，他亲自出马找供应商谈判。

在来小米之前，刘德在美国志得意满，在他那家并不算太大的公司里，只需要布置工作即可，很少有事情需要他亲力亲为，其中一个主要原因是刘德对谈判桌上的那些事情不感兴趣。可是进入小米之后，当去做这些事情时，他却发现居然没有什么厌恶或抵触情绪。

为了与供应商之间建立良好的关系，刘德经常邀请供应商一起出来吃饭，利用这些机会一遍又一遍地解释小米的商业模式，对方需要什么刘德就提供什么。对于供应商来说，小米的一切都是透明的。

有一次，为了说服日本的供应商，刘德一边说一边写，直到写满背后一大块白色会议讲板。会议整整开了一夜，第二天黎明到来时，所有人还蹲着看刘德在讲板右下角的空白处比画。为了和供应商交流顺畅，刘德硬是背下800多个手机原配件的名字，与100多个厂家进行联系，见过的供应商代表超过1000名，5个月下来瘦了20多斤。

2011年3月11日，日本发生9.0级大地震并引发福岛核电事故。当时许多企业对日本敬而远之，可是刘德为了向夏普公司表达诚意，特意拉着雷军去了一趟日本。两周之后，雷军、林斌及刘德三位高管前往大阪与夏普进行谈判，希望拿到夏普的屏幕。雷军回忆："搭乘那天航班的人总共不到10个，其中就有我们3个人。"门庭若市的夏普公司总部当天也只有他们三人拜访，小米最终以执着和真诚感动了夏普。

但是，在商言商，谈判进行得远没有想象中顺利，刘德开始讲他们的创业故事，讲小米的未来，讲到最后刘德都被自己感动了。后来有人问刘德，究竟是靠什么说服夏普的，他轻描淡写地说："我告诉他们不挣钱没关系，但是别错过占坑的好机会。万一咱们以后做成了，那他们就追悔莫及了。"听起来轻松，这句话背后的自信和底气，蕴含着小米付出的艰辛和努力。

南京英华达是小米手机目前最主要的代工企业，在它的流水线上，单是组装小米手机这一道流程就需要91名员工进行。在小米创业初期，面对一无所有的小米，英华达毅然决定合作。英华达董事长张景嵩说："当时打动我的是雷军这个人，他对上游供应链、媒体、员工等所有人讲的东西都是一致的，没有说一套做一套。他的这种'一致性'让我可以放心与他合作。"

在企业合作中，一般有两种心态：一是一起做生意，二是一起做事业。雷军这种"透明""一致"的做法是本着跟供应商、代工厂一起做事业的态度，双方不再是利益捆绑的交易关系，而是共同成长的伙伴，这种做事态度让小米顺利渡过创业初期的摇摆停滞期。后来，随着小米出货量的稳步增长，英华达等合作厂商跟随小米一起发展，利润率大幅提升，公司实力也不断增强。

第二节
专注做专业的事情

2013年12月12日晚，在中央电视台年度经济人物颁奖典礼上，在主持人陈伟鸿煽风点火的“挑拨”下，格力董事长兼总裁董明珠与雷军针锋相对，公开打赌。雷军说，5年后如果小米收入超过格力，董明珠要给他1元钱。以强硬豪爽著称的董明珠哪肯认输，果断回应5年后格力必胜，她还将赌注直接拉升到10亿元。在此需要提及的是，早在金山时期，雷军就和同在珠海的董明珠成为朋友，打赌既有剑拔弩张的刺激，也有朋友抬杠的味道。

故意设局的陈伟鸿打开一张对比图表，以区分格力与小米的不同之处：工厂数量，小米是0，格力是9；专卖店数量，小米是0，格力是3万以上；营业总收入，小米是300亿元，格力是1007亿元。对比结果足以激怒董明珠，雷军居然能以“0、0”的数据在短短3年就创下300亿的营收，而格力几万人经过23年奋斗才突破千亿。

尽管图表显示雷军胜券在握，但董明珠并不认同这种虚拟加虚拟的创新。格力有23年的历史，已经做到千亿级的规模，有科技创新研发能力，有强大的销售渠道和分销网络。在她看来，实体与实业是企业存活的必要条件，没有工厂、渠道、零售店的小米根本就不是值得尊敬的对手。

但是，以互联网新兴科技企业自居的雷军认为，小米是先进生产力的代表，“互联网发展到今天，已经成为一种不可抵挡的趋势，我们浩浩荡荡，势不可当。”对于小米的未来，雷军充满信心：“小米的盈利模式最最重要的就是轻资产。第一，它没有工厂，所以它可以用世界上最好的工厂；第二，它没有渠道，没有零售店，所以它可以采用互联网的电商直销模式。这样的话没有渠道成本，没有店面成本，没有销售成本，效率更高；更重要的是第三点，因为没有工厂，也没有零售店，它可以把注意力全部放在产品研发上，放在和用户的交流之上。所以，小米4000名员工，2500人在做跟用户沟通的事情，1400人在做研发。所以，它把自己的精力高度集中在产品研发和用户服务上。”

实际上，董明珠的观点代表了为数众多的传统企业家的看法。可是，正如他们所指出的那样，小米的确没有工厂，没有线下渠道，这并非小米的劣势，恰恰是优势：“小米的无就是小米的有，这是辩证的。比如小米没有工厂，但能通过共赢团结世界上最好的工厂。”

一直以来，小米采用全球分工模式，和全球最好的制造工厂合作，如富士康、英华达等，让最专业的人做最专业的事情。目前，小米有500多家供货商，他们分布在日本、美国、中国台湾等世界各地。

作为社会化分工的必然产物，ODM（即“原始设计制造商”，是一家厂商根据另一家厂商的规格和要求，设计和生产产品）在IT制造行业成为主流，全球顶级手机、电脑等IT厂商的产品都不是自己制造的，包括耐克、阿迪达斯等体育运动品牌，都是外包给有竞争力的代工企业完成的，IT行业的普遍现象是台资企业接单放在大陆生产。在2008年以前，几乎所有的代工厂都集中在珠三角和长三角地区，比如深圳的富士康，上海的广达、英业达，苏州的和硕，昆山的仁宝和纬创。2008年以后，随着全球经济危机和用工、原材料成本提升的影响，税收等优惠政策到期，大量代工厂开始前往中西部地区，甚至后来转移到东南亚的越南、泰国。

美国著名学者罗杰·内格尔在1991年首先提出“虚拟经营”的概念。这个理念主要针对当时市场需求急速变化、产品周期日益缩短的现状。他在理论中建议，通过企业内部和企业间的资源灵活重组，以企业联盟体形式共同应付市场挑战。被称为美国硅谷“创业投资基金的优雅绅士”的约琴·戴立博士则认为，虚拟经营是指人们把重心放在他们擅长的工作上，也就是说企业只做其擅长的工作，而把其他不擅长的工作交由外部完成。

从这些理论中可以看出虚拟经营的精髓：将有限的资源集

中在附加值高的功能上，而将附加值低的功能虚拟化。随着竞争的日益加剧，专业化分工越来越明显，这为虚拟经营提供了可能，而在互联网时代，虚拟经营正逐渐成为社会发展的必然趋势。

小米走的就是一条紧紧抓住核心竞争力的路径，将物流、生产等非核心业务外包出去。雷军说："小米是新型制造业，不搞大而全，全产业链通吃；小米在制造业里专注做自己专业的事情，在互联网时代的全球分工的基础上实现最优价值交付。"

在赌局中，董明珠最大的质疑就是小米的供应链，在没有工厂、渠道的虚拟经营模式下，如果合作厂商离开，小米必将成为无根之树。雷军并不担心，他认为与传统制造业的合作关系相比，小米与合作伙伴的关系会更加密切："传统制造业的合作伙伴主要是供应商、渠道，其他环节基本接触不到，都是通过渠道接触的。小米的合作伙伴有供应商、工厂、配件供应商、独立品牌商（可以通过小米商城，应用中心，游戏中心销售硬件、软件、游戏等产品与服务）和视频服务提供商等，是全方位、全产业链的价值交付。这就类似于八爪鱼，每个公司都可以与小米合作，甚至包括格力、美的这样的厂商。"言下之意，在共同的生态链中，不会有厂家会随便离开，小米也不会因为一个厂家的离开而倒闭。

雷军说："小米的成绩是和富士康、英华达、高通、联发科、英伟达等携手达成的，我们将跟优秀的合作伙伴一起开创行业新格局。”小米一直是它所在的产业价值链的组织者，始终坚持与伙伴合作共赢，使得整个产业链专业化分工越来越细化，分工之后的协同也越来越顺畅，整个产业链保持着健康、持续的发展态势。

第三节

以销定产，按需定制

创业之初，有人批评雷军自不量力，谷歌手机惨淡失败，小米必然步其后尘。雷军愤然道："我们为什么不能比谷歌强一点点呢？谷歌是很厉害，那是在搜索引擎领域，不是在电子商务这个领域。创业者要有一点儿决心和勇气！"

其实雷军很清楚，做互联网销售是小米的最佳选择。小米的一大卖点是高性价比，而制约手机成本的主要因素有制造成本、营销成本、渠道成本。为了保证手机性能，制造成本很难压缩，只能在营销成本和渠道成本上做文章。小米采用电子商务销售模式，把渠道成本缩减为零，也让营销方式转移到了网络，以求大幅度削减营销成本。

雷军说："我觉得电子商务不仅仅是潮流，更是一种先进的销售模式，可以省掉所有中间利润，直接回馈用户，让用户买到便宜实惠的东西。"电商销售模式成为小米的一大优势，创造了小米"零库存"的奇迹。

小米70%的销量来自小米官网，其整个销售流程基本为：每周二中午12点之前，有购买意愿的人先要在官网上预约，预约信息包括姓名、联系电话、地址、所需产品型号。只有提前预约的人才能在周二中午12点抢购。小米放出的供抢购的手机数量正好是当天仓库的库存数量，这个数量一般远远小于预约人数。小米手机几分钟内被用户抢购一空。订单信息传到位于北京的小米仓库，然后将商品出库、打包、交到货车上，顺丰的快递员进行分拣、派送，最快的时候当天晚上手机就能到达消费者手中，最晚也会在两天之内完成配送。

同一时间，根据预约购买数量和销售情况，结合MIUI论坛、微信公众账号、官方微博、QQ空间等平台与消费者沟通的情况，雷军、林斌、黎万强、周光平4位联合创始人开了一个简单的碰头会，确定3个月之后的生产计划。会后，由雷军过目、签字的生产计划表将送到小米供应链部门。根据生产计划，供应链相关人员进行零部件的采购、运输。大到屏幕，小到按键，小米手机的600多个零件都是自己采购。除了保证零件质量没有问题外，供应链相关人员还要保证所有零件在规定的时间内到达仓库，准时送上生产线。

小米的销售模式可以根据预约情况直接了解用户需求，进而制订生产计划，大大减少库存和供应链的风险。每周二放出的产品数量恰好是仓库的库存量，在销售额有保证的情况下，最多两天就能清空库存，仓储成本几乎可以忽略不计。

传统手机厂商的销售渠道是由全国代理逐级下发到省级、地市级代理，需要经过三级铺货渠道，最终送达消费者手中。这个过程会耗费两三个月，甚至更长时间，而信息流和资金流、物流都需要经过很长的链条反馈。这样就会产生许多问题，如预测不准确、牛鞭效应、资金链不安全等。

与之相比，小米“预售—获得订单—配送”“预售—制订计划—生产”的模式真正做到了渠道扁平化，实现了以销定产，按需定制。小米采用预售的方式，用电商平台小米官网直销，辅助以运营商渠道。通过预售和直销的方式，小米改善了供应链中几个重要的环节。

小米是按实物销售，当周的生产量就是下周的销售量。按照小米提供的数据，在2013 年11 月出货量为200万台，其中70%走小米的直销渠道，手机的库存周期大约为10天。由于库存周转率高，库存成本很小。小米已经在北京、上海、深圳、成都、沈阳、武汉等城市建立了仓储中心，其中北京、上海的仓库只有5000平方米和4000平方米，其他地方的仓库更小，仓储中心规模并不大。

小米零部件库存和其他手机厂商类似，不过，虽然几乎所有零部件都是自行采购，但由于采用直销模式，因牛鞭效应造成的需求波动很小，小米的零部件库存也不高。决策层的生产预测会议结束后，会通知零件厂商送料，然后进入ODM 附近的仓库。

以销定产、按需定制说起来简单，真正做起来并不容易。在PC领域，戴尔公司无疑是这种模式的开创者。1996年，戴尔公司开始通过官方网站以电子商务方式销售计算机产品。用户进入戴尔官网后，只需要轻轻点击几个按钮，就可以轻松进行电脑的选择、配置直至付款。网络直销模式使得戴尔进入某个新市场的成本减至极低的水平，戴尔可以免去开设店铺、建立渠道等费用，甚至根本不用关心是哪个国家，只要开设一个网站，然后通过国际化物流公司——联邦快递的配送，就可以有效地占领这个国家的市场。

而且，戴尔网站强大的网络技术、计算机软硬件技术、通信技术和人工智能技术为管理信息的识别、获取、传输和利用提供了强大的支持力量。通过技术工具每天与全球几万名客户及时直接对话，可以快速了解真实需求有多大，如果发现需求中某一部件出现短缺，戴尔会立即通过系统告诉供应商。无论是长期规划数据、未来4至12个星期的预期批量，还是每隔两个小时更新一次的执行系统，所有交易数据都在互联网上不断往返。信息调整的次数越多，戴尔与全球供应商就越接近库存底限。

然而，手机供应链管理比PC的难度高得多。黎万强说：“手机供应链比之PC产业链更为复杂，很多关键零部件需要提前预订，从下单到出货，各种部件时间不等。触摸屏的采购时间最长，一般为三个月，电池的时间一般为两个月，芯片时间至少两个月，摄像头至少一个月。从零部件预订到整机出库，时间至少需要三个月。对于PC厂商来说，这三个月时间可以大幅缩短，其原因即是PC产业发展已经成熟，所有零部件已衍化为‘通用件’，基本没有‘定制件’，不需要‘定制’时间。而智能手机的零部件大多仍旧是‘定制件’。”

小米的供应链和生产方式与戴尔早年的“零库存”类似，深得丰田生产方式的JIT（即时生产）精髓，先有订单再按需生产。小米手机通过用户网络下单，即获得市场需求，然后组织零部件采购，由外发合作厂商采购其他非关键零部件，再安排代工厂生产。

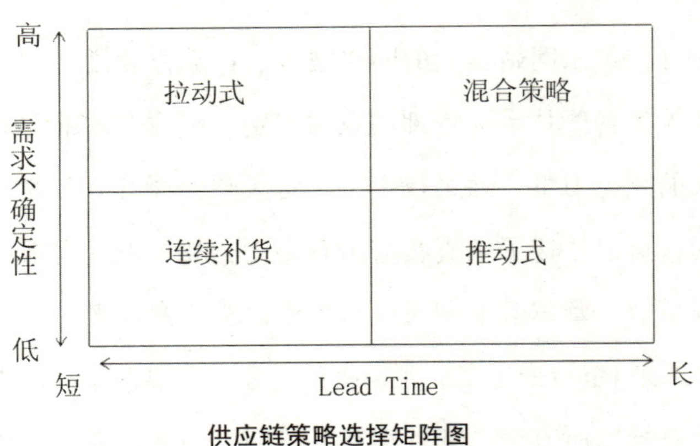

供应链策略选择矩阵图

由上图可以看出，小米属于拉动式供应链，也就是以销售为原点。拉动式供应链具有许多优势，但前提是要确保两个条件：第一是必须有快速的信息传递机制，第二是能够通过各种途径缩短提前期。由于小米有精确的信息流反馈和预测机制来降低提前期，因而可以采取拉动式策略，有效降低库存水平，提高生产效率。

虽说“以销定产、按需定制”并非小米首创，但是在中国智能手机领域，小米也算是开创者。

第四节

保证资金快速周转

雷军有一个成功七字决，即“**专注、极致、口碑、快**”。雷军认为“快”是互联网时代的必然选择，“快就是一种力量，你快了以后能掩盖很多问题，企业在快速发展的时候往往风险是最小的，当你速度一慢下来，所有的问题都暴露出来了。所以，怎么在确保安全的情况下提速是所有互联网企业最关键的问题。”

在供应链管理中，小米非常重视“快”。在产品热销期，很多人不理解：小米手机的需求量非常大，达到100多万台，为什么偏偏维持30万台的产能呢？为此，“期货手机”“饥饿营销”等批评之声不绝于耳，雷军对此很少回应，始终保持既定的销售规模和节奏。雷军说：“互联网行业瞬息万变，市场是不可预测的，今天卖得好，不能保证明天也卖得好。如果小米进行大规模的量产，市场变化了，40万台的库存就能把小米压垮。船小好调头，小米维持着小船的模式，能更快速地应对手机领域、应用服务领域的快速变化，这将成为小米的一大竞争优势。”

雷军认为："天下武功，以快为尊，唯快不破。"所以不管外界怎么曲解，不管诱惑多大，他坚持把"快速反应"放在第一位。在他的控制下，小米销售只需几分钟，配送只需两天，生产环节最多三个月，整体反应速度非常快。这种快速反应模式在保证小米"零库存"之余，还能保证资金快速周转。

一般来说，手机厂商的资金周转周期主要受到上游供应商和下游渠道的双重影响：在购买零配件的时候，上游供应商需要先付定金，或者要求一手交钱一手交货；在销售的过程中，渠道商拿货，一般要求先拿货后付款，保有一定的账期，上下游的共同挤压，导致手机厂商的资金压力非常大。小米的供应链模式，基本化解了资金周转难题。

"以销定产"模式使得小米有精确的生产计划，什么时间、要什么货都非常清晰，这让小米在上游供应商手上争取到一定的主动权。随着小米出货量的不断增长，与ODM厂商谈判的筹码也越来越大。据台湾《商业周刊》报道，郭台铭三次拜访小米，并后悔曾错过小米，可见其重视程度。小米手机的代工厂商主要是廊坊富士康和南京英华达，小米电视则由纬创代工。这些企业在笔记本和手机领域经验丰富，实力雄厚，只要小米的ODM管控有力，质量可以达到甚至超越同类产品，生产能力也无须担忧。尽管在芯片、内存等核心元器件方面小米依然需要先交付定金，但在周边元器件等方面已经争取到一部分账期。

在销售环节，小米手机采用社会化媒体的"互联网营销模式”。在分销渠道环节，小米只走电子商务渠道，把中间的代理环节都砍掉，省下一大块渠道铺货和商场入驻等费用，大大减少了成本，从而支撑起“低价抢占市场份额”的策略。与此同时，销售范围没缩小，产品可以直达三、四、五线城市，只要物流能送达就能解决。总的来说，小米的在线直销有以下优势：

第一，预测精准。雷军等小米决策层每周开一次生产会议，通过当周的销售量、预约数量等互联网指数，预测3个月后的市场需求。由于直销模式没有多级分销商带来的牛鞭效应，预测往往比较精确，而且由于采取预售模式，实际销量要低于预售，可以造成供不应求的局面，而且保证每周成品可以卖完。

第二，降低营销成本。通过小米官网的广告、预售和直销，辅以微博、微信、QQ空间等营销平台，小米的广告支出非常少。而传统手机厂商的广告成本差不多在10%～20%。

第三，降低渠道成本。由于绕开传统渠道，小米实际压缩掉传统手机厂商20%～30%的渠道费用。

第四，降低产成品库存。由于每周的产成品都能在下周二销售一空，所以小米存货周转率比较高。

第五，现金流充裕。通过预售加直销的方式，最终用户在周二抢购之后，所有资金都是以先款后货的方式快速回笼，现金流十分健康，资金周转率也很高。

除了直销模式之外，小米也有一部分产品走运营商渠道。从2011年12月20日之后，小米科技与中国联通联手推出合约手机，而电信版小米手机已于2012年4月26日上市。不过，运营商通常处于强势地位，所以会产生账期。但是由于小米在市场上供不应求，所以运营商的销售状况良好，因此小米和运营商渠道也是用现金结算。

资金是企业发展的血液，企业的运行离不开资金运转。小米创立之初，雷军就对它做出了明确的定位：小米是家移动互联网公司，未来靠互联网服务来赚钱，硬件只是微利。小米每款产品都以极低的价格推出，利润极其微薄，最多只能做到不赔钱。而刚开始的几年，小米还处于市场培育期，靠互联网服务更不能产生任何利润。

在这种背景下，快速周转的资金模式显得格外重要，它能够有效地减轻小米在资金方面的压力，更快地组织下一步生产。新经济时代的竞争，不是大鱼吃小鱼，而是快鱼吃慢鱼。时间对于资金、生产效率的要求都具有明显的紧迫性和实效性。正如宏碁电脑创始者施振荣所说："速度本身就是成本，速度快可以降低产品成本，周转快、库存少可以加速资金周转的效率，但是降低成本却不见得可以加快速度。"

从某种意义上说，"快速"是小米资金策略的核心，也是小米供应链安全运转的关键。

第五节
小米的“微笑曲线”

作为企业管理者，很多人将供应链与价值链混为一谈，企业经营管理状况亦混乱不堪。

供应链来源于管理大师彼得·德鲁克提出的“经济链”。他在其著作《21世纪的管理挑战》第4章“信息挑战”中指出：“要在竞争日趋白热化的全球市场中立于不败之地，企业需要掌握整个经济链的成本，需要与经济链中的其他成员合作，共同控制成本和最大限度地提高效益。”他前瞻性地把视野从单个企业转移到整个经济相关的链条上，把企业管理思想带入一个全新的高度。

1985年，营销大师迈克尔·波特在“经济链”基础上提出了“价值链”。他认为：“每一个企业都是在设计、生产、销售、发送和辅助其产品的过程中进行种种活动的集合体。所有这些活动可以用一个价值链来表明。”

其实，“供应链”的概念是由“经济链”“价值链”演变而来。通俗地说，供应链的核心，就是要解决供需平衡问题。而价值链是包括企业内部流程价值关系在内的上下游相关利益方相互链接、具有内在价值利益关系的链条。

根据供应链和价值链理论，结合小米公司的业务流程，可以制作出小米价值链示意图。

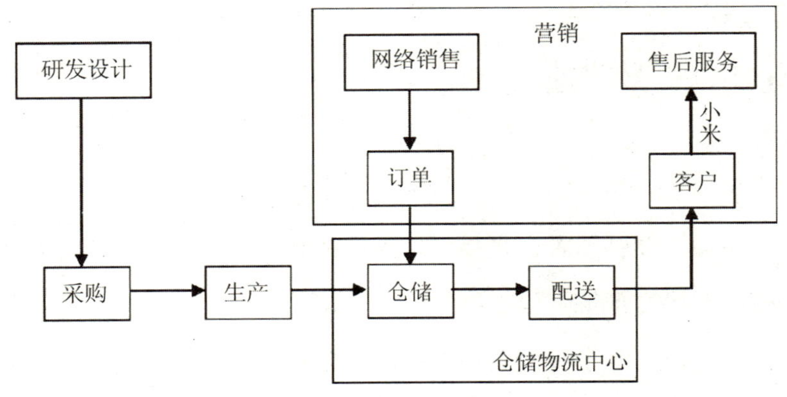

小米价值链示意图

通过上图所示的小米价值链，可以清晰看出小米公司从研发设计到生产制造再到销售、服务各环节的生产经营活动。首先，研发设计出小米手机的性能、外观等，并据此向供应商采购原材料、零部件。接着，由小米的代工厂加工生产，完成后发往仓储物流中心。然后，根据客户在小米官网上的订单情况，仓储物流中心负责配送货物。最后，小米客户服务中心提供售后维修和技术支持等售后服务。

在小米价值链分析的基础上，小米公司的“微笑曲线”呼之欲出。

20世纪90年代初，宏碁电脑创始者施振荣创造性地提出“微笑曲线”理念。在后来的许多年内，这个理论不仅超越IT行业顺利移植到了所有企业管理中，还成为“中国制造”走向“中国创造”的法宝，并得到国外同行的大力称赞，在日本企业中尤其盛行。

在施振荣用来分析和阐述企业价值逻辑的“微笑曲线”中，横轴从左到右分别代表产业的上、中、下游，也就是零组件生产、产品组装与分销，纵轴则代表附加价值的高低。以市场竞争形态来说，曲线左侧是全球性竞争，胜败关键在于技术、制造与规模，右侧是地区性竞争，胜败关键则是品牌、营销渠道与运筹能力（如下图所示）。

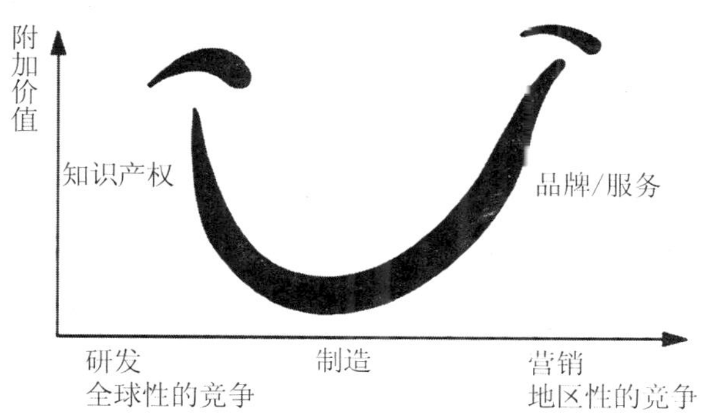

“微笑曲线”

结合小米价值链示意图，也可以分析出小米的“微笑曲线”，找出各环节附加价值所在：位于“微笑曲线”中段的是低附加值的生产制造环节，左边的研发属于高附加值全球性竞争，右边的营销属于高附加值当地性竞争。

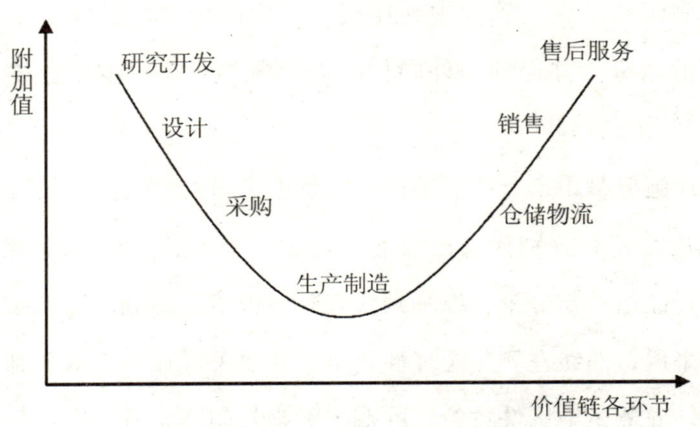

小米“微笑曲线”

通过小米“微笑曲线”可以看出，在价值链中，小米委托代工厂生产制造手机的投入成本高、附加值低，处于价值链的低端。原材料和零部件采购、手机和配件的仓储物流等处于价值链中端，手机和操作系统的研发以及营销服务这两个环节处于价值链的高端，附加值比较高。所以，小米遵循“微笑曲线”原理，专注于附加值高的环节，加大对价值链高端环节的改进力度，以便在智能手机时代的惨烈竞争中获得利润空间，增加市场份额。

在研发方面，小米从采购环节开始就与上游核心伙伴紧密合作，比如参与英伟达和高通的参考设计，在正式芯片发布前和芯片厂商共同调试芯片。通过深度参与，小米可以更早地拿到最新芯片的供应，并缩短中间环节，还能用更低的价格拿货。

MIUI被视为小米手机核心竞争力所在，有“小米之魂”的美誉。自从发布以来，更新迭代从未休止，每周五更新的传统始终保持，如今已经迭代两三百个版本，全球用户量超过5000万，在小米内部有一支超过400人的庞大团队负责开发和日常维护。在MIUI基础上，小米搭建了应用商店、主题商店、浏览器、视频中心、云服务和游戏中心等应用功能，再往后则是多看阅读、米聊等可以脱离MIUI生存的独立应用。此外，小米还推出虚拟货币——米币，可用于游戏充值、购买主题和图书阅读。

小米把最终客户也带到了研发链中，邀请用户参与讨论功能需求，并且将工程样机分发给真实用户试用，通过这些用户的问题反馈不断地提升用户体验，这种“灰度发布”被小米从软件领域创新性地复制到了硬件领域。试用版用户的测评会被放到小米论坛和科技网站，成为营销的一部分。小米通过早期的用户反馈提升产品质量，同时挑选出一些可能影响供应链的问题，如电池后盖松动、音量键太软等，及时替换供应商或者原材料配件，避免出货之后用户退货造成的供应链损失。

在服务方面，小米通过手机自带“小米商城”应用，客户进入首页—服务—查询小米之家或服务网点，软件可自动识别主机所在区域，并显示所有网点信息，供顾客就近选择。同时，小米授权服务网点推行一小时快修服务，对手机有特殊情况无法短期修好的用户提供免费备用机。

一直以来小米都重视客户服务质量，不断完善售后服务，已经在全国范围内建立了18家小米之家和500多个授权维修网点。雷军表示：“用极致思维提升售后服务水平，践行‘与用户交朋友’的理念，并树立新的行业服务标准，将是小米在2014年最重要的一项任务。”2014年6月10日，小米启动为期一个月的“小米服务点赞月”活动，18个小米之家以及500多个小米授权服务网点将为到店用户提供多项优惠与优质服务，创新树立行业服务的新思维、新模式。

客观来说，小米模式并非完全原创，乔布斯是雷军的偶像，小米刚问世时被称作“中国的苹果”，其网站直销模式和粉丝经济深得苹果真传，而国内许多手机厂商也在模仿，而且都很重视设计链和供应链结合，提升产品质量和满足用户需求。小米的优势在于能够有效整合直销模式、粉丝经济、电商渠道、互联网营销等，建立起快速响应的供应链和零库存。小米通过供应链和价值链的整合，打造出一套并不容易被模仿的商业模式，进入门槛后逐渐成形。而且，小米改变了渠道，缩短了产业链，提高了资金效率，成功绕开了传统产业中的渠道壁垒。

以“微笑曲线”分析，小米应该继续加大力度提升研发、营销和服务水平，创造更高的利润空间，形成更强的竞争优势。对于价值链低端的生产制造环节，尽管存在供不应求、被公众指责“饥饿营销”的问题，但也没有必要自建工厂自行生产。随着研发能力、销量、服务水平不断地提升，小米的品牌影响力越来越强，对代工厂的谈判优势和控制力也会与日俱增。

所以，小米做强做大的关键在于既要发挥价值链高端优势，也应该注重上下游供应商的合作联盟。

第五章

模式：

小米=苹果+谷歌+亚马逊

高配置+低价格+参与感=小米的核心竞争力

我觉得手机将来会是一种个性化的东西，我们每个人都可以去“养成”自己的手机，这就是在用互联网的思想制造手机。

满足个性化需求的创新能产生大效益。

小米的商业模式，不以手机盈利为目的，以互联网的商业模式，先积累口碑建立品牌，继而把手机变成渠道，通过服务和软件实现盈利。

黎万强总结出一套小米的“参与感三三法则”：“三个战略：做爆品，做粉丝，做自媒体；三个战术：开放参与节点，设计互动方式，扩散口碑事件。”

专注、极致、口碑、快。

“专注”指的是只做一款产品，这是有自信的表现；“极致”是做到最后，做到别人达不到的高度；“口碑”的核心是超越消费者的预期，初期要低调；“快”指节奏和成长快，公司一旦慢下来，很多问题都会暴露出来。

第一节
每个人都可以养成自己的手机

互联网是一个英雄辈出的行业，但互联网精神天生就反对英雄主义。所以，“中国乔布斯”“中国版苹果”的奉承于雷军和小米而言，更像箭靶而非皇冠，如众矢之的，有万箭飞来。所以，雷军多次在公开场合澄清，小米不是中国的苹果，它和苹果存在根本性差异。

苹果毫无疑问是世界级产品：重新定义手机，从软硬件结合方面来说，苹果把手机“做到了极致”。然而小米却明确表示：“小米是用互联网的方式来做手机的。我们不是做产品，我们是做用户，做社交网络。”苹果有“软件+硬件+互联网服务”组成的生态系统，主要靠手机硬件挣钱，而小米只是把手机作为一个载体，主要收入来自围绕生态系统打造的互联网平台，形成“互联网营销+电商直销+社交式客户关系”的组合创新模式。

客观来说，苹果对手机的态度十分专制、封闭，单纯按照自己的意愿去做产品，不给用户任何定制的权利，力求用产品引导用户习惯，这种模式在乔布斯时代非常成功。与其截然相反，小米对用户的需求持开放态度，依靠小米社区和MIUI论坛等互联网渠道及时了解用户需求，然后以最快的速度来满足用户需求。正如雷军所言："小米走的是跟iPhone完全相反的路。iPhone走极简主义，小米走集大成路线，力求支持各种功能。"雷军认为，小米与iPhone最大的区别在于，小米是集大成的，所谓集大成就是，让所有用户都参与到研发过程中，最后小米呈现出来的是适合不同用户的不同使用习惯。

在这种理念下，**MIUI**最初的研发就放在互联网上，敞开门请用户一起参与研发。初期，小米每周更新四五十个，甚至上百个功能，其中有1/3由"米粉"提供。这样做的难度系数很高，为了保证每周更新，必须严格执行两天内完成规划、两天写代码、两天做测试的规定。如此高强度的任务，雷军硬是坚持了下来，他希望将**MIUI**做成一个"活的系统"，用户需求可以随时渗入进来。

在互联网时代，人与公司、人与产品之间的关系与以往不同。某种意义上，可以把小米公司看成一个社交网络公司。小米在原来厂商与用户之间单纯买卖关系的基础上，加入情感因素与互动关系。如粉丝可以在研发阶段参与新品的开发与设计，通过微博与粉丝频繁互动。

雷军对乔布斯的理念并非完全认同，他说："手机是每个人的亲密伙伴，我们和它在一起的时间超过任何其他东西。难道乔布斯说这个东西要这样用、要那样用，我们的习惯就和他一样？

不是的。我觉得手机将来会是一种个性化的东西，我们每个人都可以去‘养成’自己的手机，这就是在用互联网的思想制造手机。”

小米打破乔布斯对苹果使用者的束缚和要求，以更人性化的开放态度做手机，倡导用户养成自己的手机。雷军说：“苹果的手机，是典型的极简主义，没有其他手机能够比它更简洁。但是这就真的是用户的需求吗？难道乔布斯说‘你们只需要两种颜色，黑色和白色’，然后，从此大家就只需要两种颜色了吗？我认为不是的，只不过他太成功了。我们MIUI要和苹果走完全不同的道路。我们要把大家都动员起来，把产品做到足够好用，总有一款适合你。”

很多人质疑小米如此关注个人“个性要求”的做法会浪费精力，投入各项资源，解决的可能是小众需求，对销量没有太大帮助。小米的理念恰恰相反：**“满足个性化需求的创新能产生大效益。”**雷军解释：“这些看似只是个人的‘痛点’，但是中国的手机使用者数以亿计，哪怕这些只是1%的需求。而实际上，共鸣的人数远远高于这个比例。小米是在满足百万用户的大需求。”

对于小米像苹果、雷军是“中国乔布斯”的说法，雷军本人不以为然：“如果人们确实想把小米科技比作一家外国公司的话，你可能会认为小米科技很像苹果。但我认为，**小米科技更像带有谷歌元素的亚马逊**。”

说小米像谷歌，是因为小米广为人知的MIUI系统是基于谷歌Android操作系统为中国用户量身打造的，并且大获成功，小米因此建立起了数量庞大的移动网络平台。说小米像亚马逊，是因为小米做的是智能手机，就像亚马逊推出的Kindle硬件设备一样。“谷歌+亚马逊”的说法，也能充分说明小米手机为何能形成高性价比优势。雷军说：“人们只是还没有弄清楚一点：手机本身只是一个载体而已。如果人们不明白这一点，那么就无法理解小米科技到底属于哪一类公司。”

小米已成为继苹果、三星之后国内最大的手机品牌。如今面临的问题是，在手机产品上，让用户尖叫会变得越发困难。这不是哪一家企业的问题，而是整个行业的困境，即使苹果也概莫能外。乔布斯之后，苹果推出的iPhone 5s和iPhone 5c业绩不错，却缺乏“惊喜的尖叫”。

根据雷军的估算，三星和苹果已经赚走智能手机硬件99%的利润，小米只能选择在软件和服务上寻求利润：运用互联网的商业模式，通过积累口碑建立品牌，继而把手机硬件变成载体，通过服务和软件实现盈利。同时，小米也在另寻出路，用小米手机建立起的品牌势能向其他传统势力统治的领域发起攻击，推出小米电视等一系列产品，让用户从其他方面发出尖叫。

小米的未来在于让用户持续尖叫，这就对小米的产品开发模式提出了更高要求，也让“米粉”对小米的下一个产品依然满怀期待。

第二节
小米模式就是“铁人三项”

2010年4月6日，雷军跟他的创业团队一起喝下“小米粥”之后，宣布小米公司正式成立。8月16日，小米团队推出首个内测版MIUI，随后在12月10日发布米聊Android内测版。在小米的企业注册信息中，经营范围包括手机技术开发、手机生产、手机服务。可是因为雷军做软件的背景，再加上推出MIUI和米聊，刚开始人们普遍认为小米是一家软件公司。

2011年8月16日，在798艺术区举行的小米手机首发会上，雷军第一次提到“铁人三项”。他认为，移动互联网时代，一家公司成功的标准是软件、硬件和移动互联网三种资源的高度匹配。小米要想从竞争激烈的移动互联网市场突围，就要玩硬件、软件和互联网服务一体化的“铁人三项”。雷军说：“小米模式就是‘铁人三项’。大家觉得我们是手机公司，其实不然。我们是用最好的材料，做最好的手机硬件，再通过互联网方式在安卓的基础上做系统，保持每周更新，使小米手机内在的体验远远超过同行。”

在雷军的规划中，小米=硬件+软件+服务。硬件是小米手机，软件是MIUI系统和米聊等应用软件，服务则指围绕着硬件和软件展开的互联网服务，指官网直销、微博、论坛互动等。雷军说：“一个硬件公司把软件做好，和一个软件公司把硬件做好，都是天下最难的事情。我曾经干过一件看起来很简单、实际上很难的事情：我创建了金山软件，又想把金山从一个传统的软件公司改造成一个互联网公司，努力几年以后失败了。看起来这么简单的事情，实际上做起来就会发现有很大差距。”他深知一家企业同时把硬件、软件，还有服务做好是非常不容易的，全世界以“铁人三项”打法获得成功的只有一家公司，那就是苹果。虽然知道很艰难，雷军却很坚定，不做好“铁人三项”，很难做好真正的手机。因此，小米一定要克服困难，做好“铁人三项”。

小米的业务架构

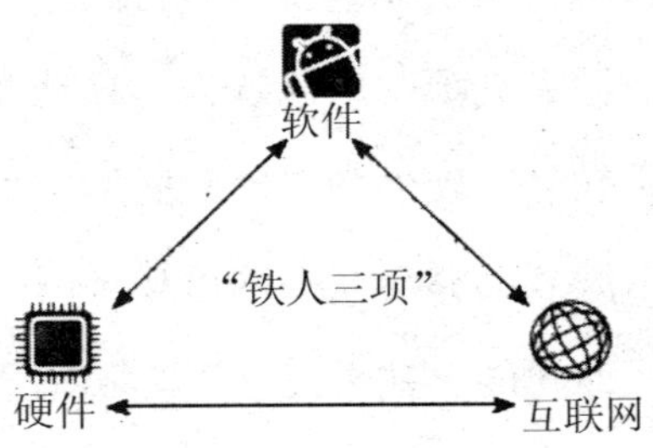

雷军说：“怎么样才有可能产生一家像苹果这样的公司呢？如果能把谷歌、摩托罗拉和微软合并，那就一定有戏。”所以，

创业之初雷军就打造出由谷歌+微软+摩托罗拉+金山组成的7人豪华创始人团队，围绕“铁人三项”搭班子、带队伍。

在创业团队的共同努力下，小米克服供应商难题，短短两三年时间，就把默默无闻的小米做成业内的代表性品牌。雷军认为，小米在摸索中做出以下三点创新的尝试：第一，小米将手机的生产过程完全拆解开来，让用户清楚地看到小米手机是如何产生的；第二，小米成功地用电商的模式来销售手机，将小米做成了全球首个互联网手机品牌；第三，在绝大多数厂商还在玩机海战术，而对用户体验视而不见的时候，小米把用户应用体验提升到企业战略的层面上来。这三点创新成就了小米，也成了小米保持竞争优势的业务模式。

小米“铁人三项”模式成功后，引来很多模仿者，手机制造商也开始跟风涉足互联网服务，互联网公司则尝试引入手机硬件。对于竞争对手的虎视眈眈，雷军淡定地说：“我觉得小米在‘铁人三项’这个领域里面，毫无疑问是领先的。因为比同行先走了一两年时间，小米已经获得了一些领先优势。别的同行就是想做这种模式，其实也是不容易做的，要是容易的话，整个市场就全是“铁人三项’了。从苹果开始‘铁人三项’以来，全球这么做的公司非常少。这么干的难度很高，主要原因在哪里呢？在于软件的文化、硬件的文化和互联网的文化，这三种文化的冲突是非常严重的，你要想在一个公司里面把这三种文化融合，产生一种新的‘铁人三项’的DNA，我觉得这是非常不容易的一件事情。小米在这方面花了非常多的心血，做了大量的融合。我觉得别的公司也会遇到非常大的困难和问题，这个事情不是说我们想做就可以很轻松做好的。”

现在，在硬件、软件、互联网服务三个方面，小米都做到了极致。硬件方面，小米会与世界一流的供应商合作，对芯片、配件的质量精益求精，并且每一款小米手机都会在保证品质的同时，以几近零利润的价格销售给用户。软件方面，MIUI系统采用互联网开放模式，小米会积极吸收用户在论坛中提出的意见、反馈和需求，来制定研发方向，并在一个星期内做出快速更迭。据了解，MIUI系统有1/3以上的功能全是用户定义的。MIUI系统与广大网友紧密相连，为小米提供了源源不断的粉丝源。互联网服务方面，因为有了庞大的粉丝群体，小米网络销售和零成本广告的模式取得了巨大的成功。

对于创业，雷军有一个观念，击败Yahoo的不是另外一个Yahoo，而是Google；同样，击败Google的不是另外一个Google，而是Facebook；互联网行业的规律是只有颠覆式的创新才能成功。小米“铁人三项”模式就是一次颠覆性创新，它展现出前所未有的效果：小米的定价是用户最认可的定价，性价比足够高；小米品牌在互联网的知名度和忠诚度足够大；MIUI系统足够好用并且能够健康而持续地发展。

小米“铁人三项”模式是一种革命性尝试，可谓世界级创新，能够确保小米在相当长的一段时期内具备竞争优势。

第三节

互联网思想武装下的商业模式

雷军说："在所有创新之中，商业模式创新属于企业最本源的创新。离开商业模式，其他的管理创新、技术创新，都失去了可持续发展的可能和盈利的基础。"小米的商业模式，可以简单总结为一句话："小米公司是一家互联网公司，不靠硬件赚钱。"雷军在很多场合强调过这句话。然而，他越强调不靠硬件赚钱，外界就越感兴趣，并以"此地无银三百两"的古语揣度小米的盈利模式真相。

360董事长周鸿祎曾借用微博平台跟雷军打起"口水战"。他指责小米手机充满暴利，断言每卖出一台小米手机雷军就赚了800元至1000元。对此，雷军2012年9月在微博反击："小米一开始定价是按销售30万台来计算成本的，刚开始赔了不少钱；当销售过30万台后，就开始打平赚钱；到了今年小米Q2有了正常的商业利润——百分之十几。"

道理越辩越明，隔空论战让小米的商业模式公之于众。雷军说："小米的商业模式，不以手机盈利为目的，以互联网的商业模式，先积累口碑建立品牌，继而把手机变成渠道，通过服务和软件实现盈利。"当前的中国手机市场中，靠销售手机赚钱是所有厂商都遵循的商业模式，包括苹果、三星、华为、联想，惯常做法是用低端机冲击市场份额，用中高档机赚利润。而小米却走了一条不同的道路，雷军把小米的价格压到最低、配置做到最高，以"高配置+低价格"的模式冲击市场份额。这成为小米手机的核心竞争力，让其他企业无法复制，望尘莫及。

其实在小米成立之初，雷军就被人问起将如何盈利的问题。他说："这个问题我现在还没有办法回答你，就如同10年前，你拿着枪逼着腾讯创始人马化腾，他也说不出QQ能靠什么盈利一样。百度和腾讯的崛起已经充分说明了这个道理，用户为王，只要有了用户，就不愁没有盈利。"正因如此，雷军在融资时都会向风险投资机构提前申明：3到5年之内别想着回报，否则就别投小米。

在市场经济条件下，不赚钱的企业不可能存活。"我叫雷军，不叫雷锋。"雷军曾经说过这样的话。雷军认为："借助小米手机的放量销售带动用户数量的增长。只要有了好的口碑，一切将纷至沓来。"雷军将小米手机视为小米公司的一个大平台，并希望通过平台的用户黏性发展服务、开展软件方面的盈利项目。这就是雷军经常提到的"互联网思想武装下的商业模式"。

截至2013年年底，小米**MIUI**已经覆盖58个国家的3000多万用户。小米的盈利模式逐渐清晰。MIUI系统可以嫁接一切移动互联网的盈利模式，包括社交游戏、广告、搜索分成、小说、流量、购物等等。小米可以自己开店运营互联网产品，如壁纸、音乐、云服务、小说阅读等可以收费的项目，还可以通过合作形式向进驻的软件收取进场费、佣金返点。

另外，在推出小米手机的同时，小米还同步发售很多围绕手机的周边配件产品及粉丝产品。周边配件产品包括手机壳、保护膜、耳机、音箱、移动电源、电池等，几乎涵盖一切手机外设配件。粉丝产品有T恤、背包、玩偶等生活相关产品，这些产品跟小米手机相比，并不便宜，利润空间更大，这也成为小米的重要利润来源。

对于一个新产品来说，最大的投入当属新用户的培养；而对于小米的用户来说，他不仅是小米手机用户，还很可能是小米系统用户，还可能是小米周边产品的用户，而当小米推出延伸产品的时候，他很可能会很顺利地发展成为延伸产品的用户，如小米盒子的用户、小米电视的用户等等。这样小米的每个用户就能创造出多层的价值。

在互联网领域，我们可以看到小米这种盈利模式的影子。2011年11月，亚马逊推出一款平板电脑Kindle fire，价格为199美元，折合人民币1272元，完全是低价亏本销售。亚马逊的思路是只要用户量足够多，就可以通过终端销售音乐、电影、电子书等内容及相关服务。

小米的模式就是，先将高配低价的硬件产品推向市场，让用户因为超高性价比而使用手机，然后通过不断更新的软件系统和超越客户期待的服务将用户聚集起来。在这个过程中，小米通过互联网直销模式砍掉传统实体店的渠道成本，支持整体的低价策略。

在小米的整个运营过程中，硬件产品大批量销售产生的利润、软件应用带来的长尾收益，以及售后服务带来的收益等，成为小米的主要利润来源。小米将手机作为一个载体，一个入口，在手机硬件上不赚钱，通过手机硬件圈住用户，当用户数量足够大，就通过产品附加值的不断增加进行变现。正如雷军所说："我们把产品、服务做得用心一点儿，让用户喜欢我们。用户喜欢我们了，'打赏'我们一点儿小费，我们挣这个小费就可以了。"这种盈利模式是互联网时代最有生命力的商业模式，难怪雷军仅凭"市梦率"就能引入源源不断的风险投资。

正因如此，雷军将小米商业模式的本质总结为：向用户提供参与感，赢得用户参与到小米产品的完善和品牌的树立中来，共同成就一个前所未有的软件、硬件、互联网"铁人三项"公司。这是以互联网思维进行的规模空前的互联网众包模式。

第四节

跟同仁堂学做产品，向海底捞学做服务

雷军曾透露，在创办小米之前，他认真考察调研过两家中国企业。第一家是同仁堂，学到要做一家有真材实料的企业。第二家是学习海底捞，学到做好服务和口碑营销。

“同仁堂有340年历史，经过几个朝代变迁，经过各种各样的磨难，还能够在今天是一个知名品牌，真的很了不起。”雷军对同仁堂充满敬佩之情。他认为同仁堂是一个很好的典范，其中有两句话印象深刻：“一是炮制虽繁必不敢省人工，品味虽贵必不敢减物力；二是修合无人见，存心有天知。”雷军将这两句话通俗翻译为“真材实料不偷懒”。他说：“真材实料的公司这么好，为什么不做呢？因为很多真材实料的东西，用户看不见，所以，做真材实料会受到市场竞争巨大的煎熬，竞争对手的抹黑，水军诋毁都会给你很多干扰。这时候你需要做的可能就是坚持自己的理想。”

在服务上，小米要向海底捞学习，要做好服务，服务周到。

雷军认真地说："我们每一个新员工来了都要吃一顿海底捞，好好体验一下。"面对公众关于"自媒体营销"的质疑，雷军表示，服务方面小米应该学习海底捞的口碑营销。口碑营销的核心是要专心把产品和服务做好，要超出用户的预期。

在同仁堂和海底捞的背后，深藏着雷军的理想——创办一家小而美的公司。他说："我的梦想从来都不是做一家大公司，而是一家小公司。现在小米还是一家小公司，内部结构极其扁平化，把做好产品的理念贯彻到底，用户和'米粉'的意见完全可以帮助小米的管理。我不想再做一个华为、腾讯或者联想，只想做一家小餐馆，让顾客常常说'老雷给留个座'，这就是最大的幸福。"

雷军对小米的定位是做一家小餐馆，强调的不是规模，而是与用户的关系，相对于大餐馆，小餐馆一般都是老顾客，与餐馆的关系比较亲近。从收银到厨房，顾客都能叫出名字，而对于顾客的喜好，甚至家庭状况，小餐馆都很了解。

据不完全统计，小米论坛的用户达1000万，空间用户超过1000万，微博粉丝有300多万，微信粉丝约280万。通过论坛、微博、微信组成的社交矩阵，粉丝会提出各种建议，小米及时做出反馈，在一来一往中，小米粉丝会自发进行口碑传播。黎万强认为，关键在于培养用户的参与感，他由此延伸出一套"温度感""直接可感知""说人话"的方法论。

比如，为了做到"温度感"，雷军、黎万强等创始人在创业之初每天在论坛泡上一个小时。进入正轨后，不管再忙，几位创始人每天也会在论坛上待十几分钟。而小米所有工程师也被鼓励借用论坛、微博和QQ等渠道和用户直接沟通，近距离地感知到用户的喜怒哀乐，为粉丝写程序，而不是为小米公司、为雷军写程序。这种观念上的改变让产品更能打动人心。

“直接可感知”在小米的产品文案和画面表达上有直接的体现。黎万强介绍：“同事给我很多案子，我的第一句很多时候都是‘不要这么扭扭捏捏的，能不能简单直接点儿’。”他对产品方案有两个要求：一要用大白话讲，直接明了，让用户一听就明白；二要切中要害，让用户感知到，并能被打动。“卓尔不凡”这类在诸多广告中最常见到的词在小米却经常被批评。黎万强解释，小米做的是口碑推荐，你在吃饭、逛街的时候向朋友推荐小米，肯定不会说出“小米手机卓尔不凡”这样的话，相比较之下，“小米手机就是快”这样的大白话更有传播力。

对于大餐馆来说，菜单是固定的，不会照顾到某个顾客的特殊需求，而小餐馆却能做到，多辣还是不辣，酸点还是甜点，根据顾客需求灵活做出调整。以此观之，小米走的就是“小餐馆”路线。

小米推出的第一款产品是**MIUI**操作系统，黎万强带领团队用最土的方法，泡论坛、灌水、发广告寻找资深用户。如今，用户决定产品创新方向的习惯依然被保留下来，小米的“爆米花奖”就是专为倾听用户意见而建立的：每周五下午5点，被小米定义为橙色星期五。在这一天，小米会发布新版本的MIUI操作系统，交给用户评判。到下一周的周二，小米会根据在五天试用期用户提交的体验报告数据，评判出上周最受欢迎的功能和最烂的功能，以此确定小米内部的“爆米花奖”。

在这个过程中，众多“米粉”会对功能提出改进意见，小米会在3天后，也就是周五的新版本中做出改进。现在，用户已经深入到小米的调研、产品开发、测试、传播、营销、公关等多个环节，正如雷军所说：“因为米粉，所以小米。”小米通过塑造粉丝文化，让每一个粉丝成为产品的代言人，去宣传小米，去维护小米的品牌荣誉，“米粉”真正成就了小米。

雷军认为小米手机的成功就体现在用户能够容忍小米手机80%到90%的问题。对于互联网来说，用户的一点儿抱怨都可能被无限放大，可见，用户的容忍是何其可贵，雷军把客户的这种忠诚、认可看成小米最大的成功。小米创建4年来，最根本的成功不在于一个不断更迭的MIUI系统，也不在于每年推出的爆款手机，而是打造了一个有互联网基因、与用户亲密互动、令用户感到亲切的品牌，独一无二的“米粉”文化是小米傲视群雄的根本。

第五节

七字诀：专注、极致、口碑、快

2010年7月，也就是小米成立3个月之后，雷军自言“用手术刀将自己解剖了一遍”，得出五条体会：“第一条：懂得顺势而为，绝不做逆天而动的事情；第二条：颠覆创新，用真正的互联网精神重新思考；第三条：人欲即天理；第四条：广结善缘；第五条：专注，少就是多。”后来他进一步总结为“专注、极致、口碑、快”的“七字诀”。

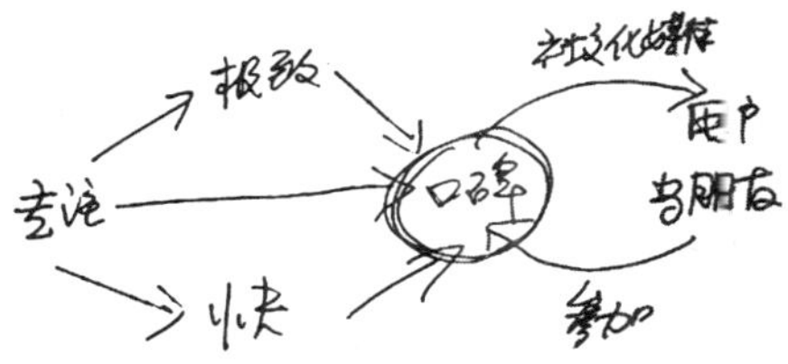

雷军手绘小米商业模式图

通过雷军手绘的小米商业模式图可以看出，口碑是七字诀的核心。

雷军曾不止一次表示："我并不在意市场份额，我在意的是每个买了小米手机的用户是不是觉得小米手机好，在意的是口碑。"黎万强在其著作《参与感》中特别强调小米口碑营销的根本原则："以前是劈开脑海，现在是潜入大脑。劈开脑海的典型做法，是试图对用户进行洗脑式教育，长期狠砸广告；潜入脑海则是口碑推荐，让用户参与进来。"在口碑思维下，小米更多的是把用户当作朋友看待，而不是把用户当成高高在上的上帝。小米邀请用户参与到经营中来，在产品开发、用户服务、品牌运作、产品销售的过程中，都让用户参与进来，让用户与小米共同成长。

黎万强总结出一套小米的"参与感三三法则"："三个战略：做爆品，做粉丝，做自媒体；三个战术：开放参与节点，设计互动方式，扩散口碑事件。"

爆品是小米最基本的产品战略，也是小米最根本的经营理念。只有做"爆"的产品，才能让用户尖叫，才能让用户有参与感。做移动电源的紫米是小米第一家战略投资的硬件公司。在小米的爆品思维下，紫米用最顶尖的团队，用最好的材料，做出一款性能极其突出的移动电源，价格仅为同类产品的一半。产品推出后，果然深受欢迎。

"做粉丝"是小米的用户战略。这是雷军的一个信条，更是小米商业模式的天条。在经营粉丝关系时，最初步的做法是通过利益激励与粉丝共享功能、信息，贯彻"吐槽也是一种参与"的理念，然后通过荣誉和利益共享，让企业和用户从物质和精神上都能获益。

做自媒体是小米的内容战略。传统营销是用铺天盖地的广告去轰炸用户，小米不走寻常路，直接和用户站在一起，近距离接触，小米本身就是用户的媒体。小米引导触点上的每个员工、每个用户都成为小米的代言人，在营销内容上，小米遵循“有用、情感和互动”的思路，坚持只发对用户有意义的信息，并保证每个信息都带有个性化的情感输出，以引导用户来参与互动，并主动分享扩散。

开放参与节点是指在产品开发、用户服务、品牌运作、产品销售的过程中，筛选出对企业和用户双方都有利益的节点，对用户进行开放。这个节点一般是基于功能需求的，越是刚性的需求，参与的人越多。

设计互动方式，是根据开放的节点进行互动情景的设计，在“简单、获益、有趣和真实”的设计思路下，把互动活动做活，并能像做产品一样持续改进，不断完善。

扩散口碑事件是指把互动内容做成可传播的事件，让口碑产生成倍的裂变，通过几百个人影响十万人、百万人，吸引更多的用户参与进来；同时已参与用户的成就感也得到了成倍的放大，不断扩散的参与感会形成螺旋式的风暴效应。

专注、极致是根本。雷军认为口碑不在于好产品，也不在于便宜的产品，口碑在于超预期的产品。“如果你在一个咖啡厅用苹果手机打开浏览器，在那么小的屏幕上输账号密码，你不会很痛苦吗？当你跟服务员要密码的时候，第一次要的不对，还要第二次的时候，你掏出小米手机，它自动问你是不是连接，你说是，自然就连上去了。”雷军认为，只有这样超越用户预期的产品才能产生口碑。小米打造口碑的做法是专注，聚焦一款产品，并在这款产品上下足功夫；除了专注外，还要做到极致，不给自己留退路，全力以赴。

有一次，雷军推介红米手机。他先是拆开塑封，介绍它是由富士康生产的，是世界一流的；接着，他掀开包装盒，说这是用进口纸浆做的，保证不会掉屑；然后，他拿起充电线的袋子，说这是用磨砂袋子装的，其他厂家一般都会用个透明塑料袋就完了；之后，他拿出充电线，说这是用橡胶圈套的，其他厂家一般会用一个铁丝缠住……还没看到手机长什么样，仅仅从外部包装上，用户就能感受到小米专注与极致的魅力。

保证雷军“七字诀”落地实现的关键是快速。雷军非常推崇游戏公司Zynga。这家公司创立于2007年6月，它只花了一年半时间，月度活跃用户数就超过了2亿。雷军说：“Zynga是一家非常快的公司，Zynga把游戏产品当作互联网产品快速经营，每周对游戏进行数次更新，尽量发布更多游戏，快速试错。”他对Zynga的做法非常认可。

雷军认为，互联网行业的竞争环境非常残酷，行业第一名会占据60%或70%的市场份额，第二名会占据30%的市场份额，整个行业不会有第三名、第四名，因为全都死光了。在这样一个竞争领域内，速度慢的话基本上没有机会，唯有倍数成长才是互联网公司生存的最基本原则。

对小米来说，这种快速成长，不仅仅表现在业务成长上，还包括用户服务反应。用户提出的意见被小米采纳后，只需要一个星期就能体现在MIUI系统的更新中，这在传统手机企业连想都不敢想。诺基亚时代，三五年才会更新一次系统，苹果每年发布一次新系统，谷歌可能会每个季度发布一次，而小米一直坚持每个星期更新一次。小米就是用超高效率与用户沟通，并形成口碑，快速成长。

对于这套“七字诀”，雷军认为可以复制，如果哪家企业能做到这些，将攻无不克。他的解读是：“专注”指的是只做一款产品，这是有自信的表现；“极致”是做到最后，做到别人达不到的高度；“口碑”的核心是超越消费者的预期，初期要低调；“快”指节奏和成长快，公司一旦慢下来，很多问题都会暴露出来。

“七字诀”中，“口碑”是核心。雷军说：“口碑的真谛是超预期，只有超预期的东西才会形成口碑。”所以，小米的方向是打造“让用户尖叫”的口碑产品。

第六章

管理：

放手让大家干

小米的管理模式

对于高科技行业从业者而言，被尊重、被重视是一种与生俱来的情感需要和价值理念。

小米公司没有完全去“KPI”，而是以价值观来管理。

管理的真谛是高效率、高成长。

管自己，以身作则；管业务，身先士卒；管团队，将心比心。

第六章

管理：放手让大家干

第一节

将扁平化进行到底

在上一章已提到，雷军不想再办一家腾讯、联想、阿里巴巴那样的“大餐馆”，而是要办一家“小餐馆”，门口有人排队。在公开场合，雷军也多次提及“有人排队的小餐馆”理论，这正是小米公司管理扁平化的理念起源。

雷军认为，小餐馆是否成功的标志是有没有人排队，但很多人没有听懂这个故事背后的深意。他说：“第一，这种餐馆一般大厨就是老板，而且大厨每天在店里盯着，跟来的很多熟客都是朋友。第二，他有很强的定力，把产品做好比赚更多的钱重要。我们正常的商业（思路）一定会是说，有一家排队搞两家，两家再搞四家，再搞连锁。结果一步一步就被商业所扭曲了，所以好的东西就越来越少。所以我们希望小米的所有人都在产品的一线，而不是当老板，当管理者。”

正因如此，在小米成立之初，雷军就坚持办一家小公司，即便小米已有数千名员工、达到数百亿元的销售规模，但依然是小公司的管理模式，整个公司都非常扁平化。从小米的组织架构就可以看得一清二楚，基本上只有三级：8位联合创始人—主管—员工。而且，小米公司不会让部门或团队无限扩展、壮大，稍微有点儿规模就会被拆分成小团队。

在小米公司，除了8位联合创始人，其他人都没有职位，都是工程师。雷军是董事长兼CEO，林斌是总裁，黎万强负责营销，周光平负责硬件，刘德负责工业设计和供应链，洪峰负责**MIUI**，黄江吉负责米聊，王川负责小米盒子和多看。在小米位于北京上地五彩城的办公楼内，布局也很有扁平化色彩：一层产品、一层营销、一层硬件、一层电商，每层由一名创始人负责，各楼层互不干涉。虽然各团队独立运营，彼此之间存在差异，但价值观、愿景和企业文化都是统一的。正如洪峰所言："这个公司的业务雄心大、容量大，所以说它足够容得下这么多有能力的人，大家都希望我们的创业伙伴能够在各自分管的领域给力，一起把这个事情做好。"

独具小米特色的三级管理有个前提，就是8位创始人大部分都管理过几百人以上的团队，经验丰富，即便如此，他们每天都会花大量时间和工程师、设计师、产品经理在一起，奋战在一线。同时，小米公司以价值观驱动，对员工的自我管理能力充分信任。洪峰说："设定管理的方式是不信任的方式，我们的员工都有想做最好的东西的冲动，公司有这样的产品信仰，那么管理就变得简单了。"

雷军很喜欢这种状态，就像小餐馆老板一样，每天在被人需要的成就感中活力四射。在他看来，以扁平化管理小公司的模式，有助于坚守创业本色，“哪怕将来做到一万人也是以今天这样的状态工作，每天都会很快乐，但是如果你按照MBA的教程来教，可能你的灾难就开始了，可能也会是48岁就退休了。”

扁平化的管理制度，减少了层级汇报、指示等沟通的时间浪费。如果一家公司、一个团队大部分时间不是在干活而是在沟通，就说明管理已经出现了问题，可以考虑引入扁平化管理方式了。在创业的头3年里，除了每周一的例会之外，小米很少开会，雷军等联合创始人仅开过3次集体大会。雷军崇尚大道至简的管理哲学，大道理都极其简单，简单到一两句话就能概括。其中“至”字最耐人寻味，既可以理解为形容词“最”，也可以理解成“到”，代表一个过程、一种境界。雷军创办小米的成功经验，即可归结为“大道至简”。在小米公司内部，所有人达成“少做事”的共识，只有少做事才能做到极致，快速实现目标。

2012年“8・15电商大战”时，小米的执行力和战斗力将扁平化管理的优势展现得淋漓尽致。从当天上午10点半决定参加电商大战，掀起降价狂潮，发动策划、设计、开发、供应链各部门投入战斗，前后不到24小时。第二天早上8点，活动准时上线，微博转发量将近10万次，手机销售量将近20万台，整个活动非常顺利。

扁平化管理的另一大优势是，无论管理者还是员工都能一竿子插到底，快速、彻底地解决问题。比如，小米论坛每天会产生几十万篇帖子，工程师不可能全部看到，80%以上的帖子其实都是用户自助回复。类似“小米员工是猪”这样的问题、辱骂都要回复，也要向用户解释清楚究竟是什么原因，整个过程非常友好，有效解决问题。当然，小米论坛有很多编外版主会整理负责板块的问题，去掉重复的问题，标记需要深入沟通的问题，然后汇总到小米论坛的工作人员那里。每一位小米工程师都会负责一个领域，到他们手上的帖子每天可能只有几百个，但全都是新问题，没有重复问题，这样工程师就能有针对性地解决问题。

同时，扁平化管理可以最大限度激励管理者充分放权，推动团队高速成长。正如洪峰所说：“现在我要管理20多个团队，包括应用商店、游戏中心、主题商店，每个小团队都相当于一家小创意公司。因为管理的团队较多，我不能成为瓶颈，所以不能采取事先审批制度。”

值得重点提及的是，小米在员工规模达到几千人之后仍然能推行扁平化管理，核心在于开放的文化。雷军刚出道时认识的第一个老板张旋龙是香港人，金山深受香港商业文化的熏染，而且竞争对手都是微软这样的国际巨头，始终与全球先进管理文化接轨。另外，小米8名创始人中有5名是从国外回来的，还有几百名员工来自跨国公司，对海外的开放文化耳濡目染。

第二节
没有KPI

推行扁平化管理，核心在于倒逼管理者分权、放权，但很多企业一分就散，一放就乱，只好推行严苛的考核制度以制衡。然而，令人难以置信的是：高度扁平化的小米公司，居然没有KPI考核（绩效考核），员工上班从不打卡。

对于高科技行业从业者而言，被尊重、被重视是一种与生俱来的情感需要和价值理念。小米推行扁平化管理，创业氛围浓郁，强调人人平等，尊重每个人，身边只有同事，没有领导、上级、长官，也不会有各种教导、命令、汇报，“在这里没有大公司的等级观念，每个人都可以随时提出自己的创意和想法”。

除了几位创始人，小米其他人没有职位，都是工程师，也无晋升一说，奖励就是涨工资，简单直接，员工不需要考虑公司中的政治、人事斗争，可以放下杂念，专心致志地完成手头工作。晋升制度原本是激励员工做出贡献、大胆创新，但也很容易导致价值观扭曲，为了改变而改变，从而没有围绕用户需求开展创新。

小米公司对工程师的要求不只是强调把技术做好，更要把事情做好，必须对用户价值负责。因此，小米公司的价值观是，始终把别人的事当成第一件事。比如，同事的代码或程序写完了，交给你检查一遍，即便再忙，你也要立即放下手头的工作，第一时间为对方检查代码，完成之后，再去做自己的事情。

可是，毕竟小米公司没有KPI，难道真的就不考核这些工程师和产品经理？或者说，如果仅以发奖金、涨工资为激励方式，那有些人拿5万、有些人拿50万又该如何平衡？“考核很简单，我完全下放权力，赋予每个小组的主管很强的考核权，让他们来决定每个团队成员的考核结果，我只要考核这些主管就行。”洪峰说，“规则很简单，根据公司的收支情况，雷总给我一笔预算，每个团队拿多少，我来分；团队内部拿多少，他们分。”说到底，还是充分授权。

没有KPI，准确说是没有形式上的考核，但并非放弃考核。否则，雷军所言小米公司2014年手机出货量6000万台的目标将无法实现。直接以奖金激发工作热情，让员工自动自发去把事情做好。比如，小米公司要求一个App的每日活跃率超过15%就能拿年终奖，当你只达到10%，甚至14%的时候，即使不会每天给用户弹窗，也会千方百计去吸引用户，为完成目标而不断改进。

而且，除了KPI之外小米公司还建立了用户评价机制，用户感受到好或者不好，都是正确的信息传播。很多时候，精神激励比物质奖励更有效。据说，小米手机刚上市时，小米员工到外面就餐，周围的人一看到小米手机就问："你从哪里弄到这个手机？我们为什么老是弄不到？"有时候服务员甚至老板都会冲过来，一脸诚恳地说："给我搞一个吧，我这顿饭就给你免单，或者以后你们过来就可以打折。"

还有一则故事。有一次，小米代工厂商英华达的管理人员告诉小米的某位创始人："我们所有的工人有一个要求是不是能够满足一下？所有的工人都希望能够买到一台小米手机。"这位小米创始人觉得很奇怪："这些人天天在做手机，怎么会大规模买小米手机？"对方道出原委："自从我做了小米手机以后，我觉得我是重要的，因为不管是七大姑八大姨都会打电话过来说'听说你在做小米手机，能不能给我搞一台？'"

可以试想，当小米的员工听说这些趣事，内心的自豪感和成就感不言而喻，这种无形的激励胜过KPI几百倍。

虽说小米公司从创办第一天起就没有要求员工打卡，可实际上，创业初期黎万强买回过一台打卡机，但围绕是否打卡的问题，公司高管讨论了一整天。包括金山在内的许多科技公司都有打卡机，不管是几点上班、下班，迟到还是早退，虽然不纳入考核标准，但都要打卡，这样方便年终总结时了解员工是否偷懒，毕竟总有些人不自觉。但是，为了找出1%偷懒的人去给99%自觉的人添麻烦是否合理？小米公司最后的选择是：相信所有人，哪怕有人在中间混也认了。

小米公司没有完全去“KPI”，而是以价值观来管理。雷军说：“小米是一家文化价值观非常强的公司，它是顺应人性的文化价值观，我们强调人欲即天理，强调与人为善，和用户交朋友，友谊，信任，开放，而且一起干。”小米公司明确提出“每个人都积极创新，为做出美好的事情而努力”“一起做出激动人心的产品”。而且，小米公司重视挖掘“工作本身的内在激励”，强调快乐工作的理念。

尽管小米公司没有KPI，却胜过KPI。洪峰曾向雷军抱怨，全员“6×12小时”疯狂的工作节奏吓跑了不少优秀工程师，所有小米员工像打了鸡血一样，超高强度奔跑。雷军说：“很多求职者的老婆都觉得，把老公交到我们手里就要不回来了，但是你不得不承认它有一个好的作用就是说，这样的员工做出来的产品注定是一流的。”

小米公司快节奏的成长速度让“没有KPI”成为可能，而“没有KPI”又从管理制度上最大限度地推动企业快速成长，两者相辅相成。由此可以推断，“没有KPI”对于创业期高速成长的小公司效果明显，一旦速度降下来，或者规模扩大，就应该做调整。

第三节

快乐工作，拼命生活

在小米官网的人才招聘入口写着这样一句口号："一起玩，在小米工作相当好玩，好好玩也是我们的工作。"

这句话应该是雷军发自肺腑的感受。2007年之前的16年金山岁月，他勤奋工作，却几乎从未感受到快乐。在很长一段时间内，雷军都被业界冠以"中关村劳模"的封号，这封号听起来高高在上，细想似乎充满讽刺，背后的酸甜苦辣咸唯有雷军心里清楚。

2007年12月之前的金山可谓"雷军时代的金山"，他的"劳模"作风在金山留下了深刻烙印。雷军和同事自嘲金山是"大长今团队"，当时韩国电视剧《大长今》风靡大江南北，从不看韩剧的雷军也在同事的极力推荐下看了部分剧情。雷军领导的金山团队，真是一群活脱脱的"IT大长今"，不问收获只管耕耘，每天早上9点上班，忙到晚上12点才离开。这种工作状态早已成为所有人的习惯，雷军如此，整个核心团队亦如此。"勤劳致富+精打细算”就是雷军给金山定下的基调。

尽管大家拼了命地干活，但是金山给外界的印象却没有华为那般“高性价比”。雷军在管理上要求严格，对成本控制非常细致。“控制成本的要领就是：该花的钱一定要花，不该花的钱一分钱都不能花，要从每件小事做起。”雷军对此很有经验，“办公室我们可以租用便宜的办公室，但这并不意味着我们的办公室会非常拥挤混乱。如果办公室非常不舒服，员工的工作可能没有效率，这是更大的浪费。”他接着说：“很多创业者觉得一起创业的员工很辛苦，在报销方面非常大方，但这种风气一旦养成，很难改善，人一多，再遇到个别不自觉的人，这几项成本就是天文数字了。其实，回报员工的方式很多，比如给予更好的报酬或者更多的股票等，但不应该在管理上放松。”

与华为的“高付出、高回报”不同，金山一直是“低薪水、高流动”。2007年金山终于成功上市，雷军在接受媒体采访时公开坦言：“我们过去的企业文化确实是比较沉重的，今后我们要创建快乐的企业文化，要让苦难的东西越来越少。”其实，在这年年初，金山已经在企业文化中“与时俱进”地加了两条新标语：“要像大长今一样拥有一颗纯洁认真的心；要用一颗快乐的心，快乐自己，快乐他人，快乐客户。”然而，这群勤恳的老黄牛却始终快乐不起来。

金山人的不快乐，似乎从创业第一天起就命中注定。1988年公司成立时，金山内有盗版猖獗，外有微软打压，内忧外患中，

“存活下去”就成为公司上下高度一致的使命。可以说，金山上市成功完全是靠雷军团队浴血奋战换来的。一个很明显的对比是，与金山同时期成立的那些通用软件公司，能够幸存下来的寥寥无几，最终成功的仅金山一家。

当雷军离开金山时，只留下三个字：“太累了！”他是真的累了。

有过这段长达十几年的不快乐职场经历，雷军内心对快乐的渴望度和认同感，恐怕外人难以体会。因此在创立小米伊始，雷军就高举“快乐创业”的旗帜，保证每位员工每天都能快快乐乐地工作，快快乐乐地休息。这就是雷军的理念。他说：“以前金山创业的时候，平时比较忙，开会尽量放在节假日。现在小米创业，大的节假日，我们禁止开会，鼓励大家放假期间好好休息。创业，更需要劳逸结合。虽然在金山我们也有很多理想主义的东西，也曾波澜壮阔，但总觉得苦难深重；做小米我们脸上都是笑着的，基本没有什么苦难史，也向马云同志学习，强调快乐工作，拼命生活，反正我们就是一些很有意思的人。”

正因为心态的变化，才让雷军深刻感受到金山与小米两个不同时期的创业苦乐。他说：“我就没有什么KPI，我也不考核KPI，过程做得开开心心、热热闹闹，把事情做好就行；能卖多少台，能做多少事情，顺势而为，自然而然。”尽管小米公司已经给出高报酬，但雷军依然认为：**“光发高工资，也不能（使员工）快乐起来，关键是怎么让员工轻松地做事情。”**

在小米公司，每周都会举办诸如篮球、足球、羽毛球等比赛活动，雷军就是要让大家玩得开心。他是程序员出身，深知保持愉悦心情对于提高效率和迸发灵感的重要性。除了正式举办的赛事，他还经常鼓励研发团队和创意人员在没有想法时抽空玩玩桌上足球，随时调节身心。有媒体评论，自从创办小米之后，雷军像换了个人似的，过去那个“没有生活”的疯狂IT人不见了，取而代之的是潮男形象，服装时尚，心态平和，也会作秀了。

2014年世界杯期间，小米公司鼓励员工看球的“高调福利”曾在互联网引发惊呼。从世界杯揭幕当日下午开始，小米公司就布置食堂，安排饮食，并搭建深夜可集体看球的区域。为此，公司还成立“看球统战部”，邀请员工携带家人和朋友一起参加世界杯揭幕战的聚会活动，球赛结束后，无法回家的员工可以凭员工卡入住公司附近的酒店，而且第二天上午不用上班，可以在家睡觉休息。

既提倡“6×12小时”的拼搏精神，又鼓励“好好玩也是工作”的快乐理念，小米看似矛盾的管理文化，实则追求雷军“快乐工作，拼命生活”的理念。其实，如今小米已不鼓励周末加班，2013年的工作制是大小周，2014年则改成5天工作制。雷军透露，在他所有参与的创业公司里面，小米的工作强度不算最强，算中等偏上。

第四节

管理的真谛是高效率、高成长

小米的Logo是一个“MI”形，既是“米”的发音，又是Mobile Internet的首字母缩写，代表小米是一家移动互联网公司。更有意思的是，“MI”倒过来看就像“心”字少一个点，意味着小米要让用户省一点儿心。

“让用户省一点儿心”既是小米的企业文化，也是小米的管理核心。小米公司的考核方式指向一个目标，就是用户的“心”。换句话说就是打动人心。

在2013年4月9日的小米发布会上，雷军豪气干云地说：“小米是个浩瀚的工程……但我从来没有担心过。因为我不是一个人在战斗，我的背后还有百万米粉！”其实每次类似的发布会，小米公司都会办成一次与用户亲密接触的疯狂盛宴，而且将手机定位成“为发烧而生”。许多用户无条件协助管理员打理小米论坛，甚至牺牲睡眠时间，只因热爱小米。

世界上没有无缘无故的爱。第一代红米发布后，雷军迅速订出40万的货，有些元器件已经在生产。大家都觉得质量还不错，可雷军仍旧不满意，他去和每一家供应商谈判：能不能把这些芯片、元器件等退掉，小米赔一半的钱，东西不要了。经过全力止损，小米依然赔了4000万元左右。这就是雷军对品质的追求，也是小米“让用户省心”的体现。

洪峰认为：“员工做得好不好，老板说了不算，用户说了才有用。”他曾在谷歌担任高管，有一次，谷歌内部争论页面应该选用32种蓝色中的哪一种，时任谷歌副总裁的玛丽莎·梅耶尔毫不犹豫地做出决策：将32种蓝分配给不同的用户体验，根据效果做出评判。然而，谷歌的一位设计师却怒气冲天，愤然递交辞呈。在他看来，做了这么多年设计，成功的产品也有不少，居然连页面用哪一种蓝都无权决定，简直太委屈了。可现实就是如此，一切应当由用户说了算。

用户说了算并非把用户当上帝、当权威，而是当朋友。有成千上万的朋友襄助，企业和用户才能够共同成长，而且还是高效率地快速成长。华为总裁任正非说得好：“让听得见炮声的人来决策。”在某种程度上，用户不仅听得见炮声，还能感受到炮火的威力，即使不能参与决策，也可以提供决策依据和有利建议。

让用户参与决策其实是一种容错机制，通过体验、反馈来评判决策是否正确。小米的**MIUI**系统分为体验版、开发版、大众版。开发版有几百万用户，大众版达到数千万用户，但体验版只有几千用户，他们都是批评者和监督者，是产品升级、企业创新的重要力量。

容错机制并不意味着对员工无限容忍，在某些方面，小米公司绝对是零容忍，如商业贿赂、保密制度，强调员工的责任心和纪律性。小米内部有人把给员工福利的F码全部卖给黄牛，结果被公司开除。由于小米手机紧俏，用户抢不到货，就公开批评小米公司和黄牛勾结，结果在小米内部还真抓出了内鬼。因为泄密，小米也开除过员工。

一切从用户出发，以价值观凝聚思想，这是雷军的管理精髓。2014年年初，雷军在接受《人物》杂志采访时说过一大段经典的话："小米就是不想做一家大家看起来管理得很好的企业。看起来管理得很好是很容易的。管理的真谛是什么？**管理的真谛是高效率、高成长**。传统意义上理解的管理就是防范风险，先假设你是坏人，然后制定无数个条款来看住你，这是'人本恶'的管理思想。如果是'人本善'的管理思想，比如美国的企业管理，只要这个人不说谎、敬业、有责任心就可以了。就像今天的小米管理强调信任、责任心，这个东西可以被信赖，你做事情靠谱，你愿意负责任就可以了，找一帮有责任心的人，有经验的人，要什么管理呢，放手让大家干就可以了，这就是小米的管理。"

小米公司推崇的是"人性本善"的管理思想。比如，公司不开会，就连做决策也不发邮件，讨论、决定都可以在米聊群里解决，甚至员工报销费用在米聊截个图就可以。"高效率、高成长"，小米的管理制度始终围绕这六个字做文章。

安迪·格鲁夫说过："管理者，最重要的职责就是时刻要发挥自我的人格魅力，去正面地影响团队成员的工作，甚至终身，而不是死板地去管理他们。"雷军也有类似的观点："管七八个人的关键是带头干。管二三十人的关键是走着干，早上问问今天的任务，下班的时候看看完成情况。管七八十人的关键是找几个能管二三十人的部门经理。"经过多年的管理实践，雷军总结出三条管理规则：管自己，以身作则；管业务，身先士卒；管团队，将心比心。

在移动互联网时代，一切都在发生惊天剧变，即便管理者的感受未必震撼、猛烈。组织架构、考核方式、管理思想都在变，尤其是速度变化，慢一步不是落后，而是死亡。任何企业，越贴近用户，与用户的沟通、互动越畅达，组织就会越灵活，越有创新精神，成长速度就越快。从某种意义上说，这种变化，也是企业将管理员工的权力由老板转向用户的过渡。

如雷军所说，管理的真谛是高效率、高成长。而管理的最佳手段，就是一切由用户说了算。

第七章

营销：参与感是新营销的灵魂

社交网络与营销

不是做产品，是做用户，做社交网络。

饥饿营销的前提是“超预期”，让用户确信漫长的等待是值得的。

用户首先需要好产品，其次才是便宜的产品。

第一节

不是做产品，是做用户，做社交网络

雷军在一次采访时表示：“我们不是做产品，我们是做用户，做社交网络。互联网时代，人与人之间的关系方式发生了改变，产生了Facebook这样的社交网络与公司，人与产品之间的关系也会变化。你可以把小米公司理解成这样的社交网络公司。”

小米创业伊始，在推广**MIUI**业务的时候，雷军给黎万强出了一道难题：不花一分钱做到拥有100万个用户。无奈之际，黎万强带领团队泡论坛、灌水、发帖子，培育出了最早的100位超级用户。星星之火，可以燎原，至2010年，**MIUI**论坛的注册用户已经超过了100万，用户覆盖全球数十个国家，他们是小米手机的第一批粉丝。在这个过程中，论坛成为小米社交的第一个阵地，资源下载、小米学院等几大核心技术板块注册人数超过1000万，日发帖量超过10万。

小米论坛面对的主要对象是“发烧友”，这些人多是技术和创业爱好者。他们对程序员出身并且有连环创业经历的雷军极其崇拜，成为小米的第一批“米粉”；他们不仅是小米的消费者，还是义务宣传员。另外，这些“发烧友”对技术格外热爱，他们对手机设计有想法，并且渴望自己的想法得以实现。雷军说：“大部分粉丝心中对完美手机都有很多想法，但因为开发一款手机很难，他们许多人无法实现自己的想法。他们会给我们提供意见，告诉我们希望在手机中集成什么样的功能。一旦我们采纳并实现了这些功能，他们就会乐于与好友们分享好消息。”他认为，这些粉丝正是小米口碑营销的基础：“有人说发烧友是一个特定的用户群，不一定能代表广大用户，但这些人其实是最苛刻的用户，他们的反馈意见将推动小米手机不断地改进用户体验。而且数十万人的发烧友队伍将成为口碑营销的主要力量。小米的成功，在于依靠**MIUI**和米聊用户，以及一批批用户的口口相传。”

2010年，微博开始在中国流行，粉丝的阵地顺理成章地从论坛向微博覆盖。雷军率先开通微博，然后是小米官方微博，接着是小米创始人微博。在微博迅速崛起的大背景下，小米微博成为聚拢粉丝的有力武器。小米几乎把微博玩到了极致，雷军个人的影响力发挥了很大作用，他自身就成为聚集“米粉”的发光体。2014年3月的一份资料显示，雷军微博上有800多万粉丝，每天他最少会发一条微博，内容90%都是围绕小米的。

微博平台使小米与消费者的沟通变得“个性化”“7×24小时”“全透明”，这使得企业进行微博营销的效果极其明显，相关信息以病毒传播的方式迅速覆盖到广大受众，实现“一对多”，甚至“一对无穷”的效果。只不过，信息传播过程易失真、传播受众复杂等特征对小米的营销能力也提出很高要求，小米的整体把控能力将受到考验，需要引导舆论向有利于企业的方向发展。目前来看，小米的微博营销非常成功，它不仅借助微博平台赚足了公众眼球，也省下了一大笔广告费。

微博之后，互联网应用又迎来微信时代，小米及时参与，至此，小米的社交矩阵真正成型——“论坛沉淀、微博拉新、微信客服”。论坛从成立之日起就确立针对发烧友的定位，主要作用是沉淀、持续维护式内容运营，保持已有用户的活跃度；集合微博的强传播性特征，小米以此作为获取新用户的主要渠道，通过在大范围人群中的快速感染、传播，以求辐射最大化的人群；而微信则被当作超级客服平台，从此来保持与用户的直接沟通。另外，小米还引入QQ空间作为活动平台，在“米粉节”、抢购等活动中，QQ空间很容易就做到了几十万的转发量。

在社会化媒体的应用过程中，小米巧妙安排不同的社区渠道，进行鲜明的功能化分工，让它们的功能与产品特性相符合，从而取得了很好的效果，也成为社会化营销的典范。

在外界的印象中，雷军一直奉乔布斯为偶像，其实他还推崇亚马逊创始人贝索斯。亚马逊成功的关键在于用户感知系统，通过亚马逊网络上的用户评价、购买状况确定某一款产品的受欢迎程度，进而决定采购量。依靠“用户感知系统”，亚马逊打败了传统商超，创造了互联网时代的传奇。这种对用户需求把握的方法，雷军已完全学到手了，并转化成独有的小米系统。通过论坛、微博、微信等新媒体，小米不仅可以与“米粉”沟通产品功能，还能在系统内部进行营销。

社会化媒体营销是利用社会化媒体（如微博、博客、视频等）特性把握不同人群在不同社群的行为特点，来进行作品的创意化设计，从而传播产品的品牌，提高用户忠诚度、提升品牌和促进销量的营销方式。随着移动互联网时代的到来，很多企业都意识到社会化媒体营销的重要性，但往往只是匆忙上马营销账号，并且对营销效果抱有不切实际的幻想，并没有以正确的态度与粉丝建立互动关系。这种社会化营销方式仅停留在“做了”的阶段，很难真正实现战略目标。

在社会化营销方面，小米既是领导者，也是颠覆者。通过小米社会化媒体阵地的转型和调整，也能窥测互联网时代的创新方向和营销趋势。

第二节

互动只是手段

小米强调参与感，不仅体现在产品研发、设计环节，在营销环节的应用也非常成功。

小米的营销活动主要有两种形式：一是话题营销，二是活动营销。这两种形式并不新鲜，很多企业也都曾尝试通过这两种方式与用户互动，但是，很少有企业能实现小米的效果，问题的根本就在于小米把用户的参与感植入到了活动中。黎万强在《参与感》中指出：**“很多企业以为小米的微博转发多就是因为搞抽奖，但是后来很多企业能够拿出比小米贵得多的产品做抽奖，转发效果却差小米一个数量级。在我看来，核心原因就是他们不懂得营造用户的参与感，把互动这个手段当成了目的，最后事倍功半。”**

2012年4月，小米微博陆续推出一系列插画，这些插画描绘的是学生读大学时的一些经典的场景，元素很多，有男生感兴趣的游戏机、臭球鞋、照相机，还有女生感兴趣的化妆品、体重称、减肥茶……小米没有说要发布什么产品，只是在营造一种青春的感觉。5月，雷军携小米另外6位创始人拍摄了一部名为《我们的150克青春》的微电影，为即将发布的小米手机青春版造势。尽管7个老男孩演技生涩，反响却很不错。当时正值电影《那些年，我们一起追的女孩》热映，这部微电影很应景。小米团队还特意找到一所大学宿舍进行拍摄，整个画面表现出来的效果，对于每一个上过大学和正在上大学的年轻人而言都很亲切。

5月15日，小米公司通过微博平台掀起转发送手机活动，在3天时间里赠送36台小米青春版手机，就此拉开营销序幕。网友在微博上得知这一消息后，纷纷转发@小米公司，关注度可谓盛况空前。5月18日上午10点，小米手机青春版15万台手机开始正式发售。9点30分左右，小米官方网站便出现拥堵。10点左右，网站的访问速度开始急剧下降，不时出现“人流拥挤，服务器表示鸭梨很大”的字样。虽然人流拥挤是之前就已预料到的状况，但是出现如此爆满的情况还是有些出乎意料。10点11分，小米官方首页显示：“15万台小米手机青春版已在10分52秒预订完毕”，也就是说在近10分钟的时间里，小米手机每秒售出230台左右，令人难以置信。

黎万强认为：“参与感是新营销的灵魂。当参与感深入用户的内心之后，用户主动参与和小米相关的活动就成为一种自然，这种自然甚至不需要我们主动去运营。”正因如此，除了小米公司特别策划的活动外，“米粉”还自发组织了一些常规互动。

对于小米论坛用户来说，除了网上交流之外，还有一些线下互动活动，比如民间性质的“同城会”，有些类似于“车友会”，规模大约50人左右，是小米用户在线下的主要聚会模式。每个同城会都在小米社区论坛设有一个交流板块，会长在论坛上发出活动倡议，小米公司对活动发起帖进行审核，若活动主题符合要求，就为活动提供T恤、手机壳等产品作为支持。会长需要在活动结束后将总结帖发布在小米社区论坛上，将活动情况反馈给小米。到目前为止，小米在全国各大城市有三四百个“同城会”，大约每周有15场“同城会”活动。

另外一种活动是小米官方推出的“爆米花”活动，其规模远远超出“同城会”。少则300人，多则上千人，可以说是一场“米粉”的交流会，每月大概有两场。在2012年，包括“爆米花年度盛典”在内，全年共有24场“爆米花”活动，2013年又有18场活动。

在这些线下活动中，“米粉们”由虚拟社区论坛的交流逐渐转入现实生活中的沟通，他们成为好朋友，有的甚至成为情侣，结为夫妻。在2012年度评选出的“爆米花年度最佳情侣”就是一对天津的“米粉”，他们在“米粉节”上结识、相爱，最后走进婚姻的殿堂。

“互动只是手段，借助这些活动设计，我们非常认真地让用户找到了属于他们自己的参与感。”黎万强认为，这是很多公司模仿小米的微博营销、互动营销而只能做到形像而神不像的根本。“以前所有的营销大多是一种强制性的教育式的营销，是一种单向通道，即我要给你改变观念，但是今天需要的是体验式的营销，企业都应该以很亲切的形象走近客户，让客户感受到原来你是这样做事的态度。”

第三节
“饥饿营销”是与非

2012年12月，雷军在微博中声称，将在每周五开放小米2手机抢购，并且“当天有多少货就出多少”。同以往一样，雷军的热情又被抨击为玩“饥饿营销”，网络上又掀起新一轮关乎是非对错的口水战。

以周鸿祎为代表的反对方认为，小米“饥饿营销”是为了赚取暴利。原因在于，电子产品的配件价格下降十分迅速，一个月就会有明显的跌落，因此，小米才想方设法地拖延出货时间，以赚取更多的利润。另外，他还认为小米的“饥饿营销”是在卖“期货手机”，意思是小米把属于未来的手机拿到现在来卖，用低价打压竞争对手，赚取眼球和声誉。

对此，雷军的反馈很坚定：限量销售并非小米的本意，而是销量不足的无奈之举。“饥饿营销就是一个伪命题。有货压着不卖意味着什么？一台小米手机售价2000元，50万台就是10亿元，频繁断货，还会给消费者带来坏的体验，对哪个公司来说都是违反商业逻辑的……一款高端手机依赖方方面面的供应商爬坡和磨合，不是单方面就可以改变的。小米一直采用最尖端技术，所有供应商都在爬坡，加上一些其他不可抗拒因素，导致小米二代手机供货非常紧张。”

先不论小米手机是真饥饿，还是假期货，从营销策略来看，雷军对消费者的心理可谓了如指掌。其实，产能问题背后，是当前手机制造商面临的共同问题，一旦量产，成本和风险剧增，仅一款机型就可能拖垮一家公司。

2011年9月5日，小米手机正式开放网络预订，两天内预订量超30万台，小米网站随即关闭购买通道。2011年12月18日凌晨，小米手机开始面向普通消费者直接销售，每人限购两台，3小时后，10万库存全部售罄。2012年1月4日下午，第二轮上线的10万部小米手机，也在两个小时内被抢购一空……

单从消费者的角度来看，面对如此惹眼的信息会有怎样的反应呢？“大家都在抢的，肯定是好东西”“别人都在抢购，我是不是也应该去抢购一番”“再不下手，就被别人抢走了，还是赶紧下手吧”，这就是消费者最常见的心理反应。

经济学里有一个著名的羊群效应，是指人们经常受到多数人影响，跟从大众的思想或行为，哪怕这种思想或行为是被故意制造出来的，消费者仍旧会产生跟从的心理反应。小米手机自上市以来，一直处于“供不应求”的状态，让消费者耐心等待，持久关注，无形中增加了它的稀缺性和珍贵性，也赚足了眼球。另外，越不容易得到的东西越容易刺激人们的购买欲望。小米制造出的等待氛围，能够最大限度地刺激消费者做出购买决定。

而且，每一个想要购买小米手机的用户，都必须提前在小米网站上预约，再加上抢购当天和此后一周内，用户至少要登录两次小米官网，这就为小米官网积累了大量的访问量。在访问过程中，用户不可避免地会浏览小米商城的其他商品，从而也会带动其他商品的销售。雷军说："传统厂商每卖出一部手机，基本算是生意的结束，而小米每卖出一部手机，只是一个生意的开始。先用手机把用户吸引过来好好伺候成'米粉'，再通过其他途径赚钱，毕竟，粉丝的钱比用户的钱好赚。一切以'米粉'为中心，其他一切纷至沓来。不要在乎现在得到了什么，只要在不怎么赔钱的情况下把用户当'爷'一样伺候好了，'爷'最后怎么会不给你点儿钱呢？"

当然，正像有些人说的那样："饥饿营销是让'米粉'在极度狂热中增加对小米2的期待度，如果超过用户能忍受的极限，想必会造成负面效果。"日常生活中，我们都有这样的感受，一个很饿的人，饿过头了就什么东西都吃不下，所以饥饿营销一定要有度。另外，如果消费者饥肠辘辘，结果发现拿到手的不是窝头，而是石头，不具备基本的果腹功效，势必会引起反感。因此，**饥饿营销的前提是"超预期"，让用户确信漫长的等待是值得的**。

目前，小米早就渡过了创业初期的产能不足期，不过，饥饿营销的策略却已基本确定下来。刚开始小米手机的销售采取的是优先制，只有论坛用户才能优先购买。后来采用报名制，购买者在小米网站进行排号，这样才有购买权。还有一个特别通道——F码，F码是给特殊用户的邀请码，相当于优先购买权。

如今，小米推出“开放购买”，每周二中午12点整举办，在上一周的周五之前提前在网上预约，以获得购买资格。出乎所有人意料的是，“开放购买”产生了巨大的品牌传播力，据统计资料显示，每周的开放购买期间，小米百度指数会呈5倍甚至10倍的增长。小米的开放购买制是在指定时间销售，产品会在数秒内售罄，没有抢到的消费者就只能等待下一次机会。这成为小米手机销售的固定模式，而且非常成功。有人统计，春运火车票每秒卖出3.95张票，而小米手机每秒能卖出111.11部。

小米“饥饿营销”的成功引发许多企业争相效仿，大家都希望通过饥饿营销的方式提升产品吸引力，激发消费者的购买欲望，可是成功者寥若晨星，方法、过程都不伦不类。其中的关键问题在于，这些企业没有小米的粉丝基础，也无法提供高品质、低价格的产品，所以不能“让用户尖叫”，效果自然天差地别。

第四节

对用户和粉丝实施分层级管理

如果把微博、微信、QQ空间等新媒体渠道的小米粉丝全部加起来，总量已有几千万。规模庞大、助力巨大的热情粉丝群体如何引导、管理？小米的方法是将用户和粉丝进行分层级管理，构建一个“金字塔”。塔基是小米用户，他们通过微信、微博等参与小米组织的活动，但不是深度介入，这批用户数量众多，却不一定是小米的忠实追随者。塔身是“米粉”，塔尖是发烧友，他们构成小米“金字塔”的中间层和顶层，同样是数量庞大的关键群体。

小米粉丝的“聚集地”，主要包括微博、微信、QQ空间和论坛四大渠道。

微博是推广小米的主战场，也是小米粉丝的主力。小米微博的粉丝加起来超过3000万，即使除去重复粉丝，也超过千万级别。小米团队紧密依托微博，把小米的产品、品牌、文化等第一时间传递给粉丝，同时不断增加新粉丝。

QQ空间通常是个容易被遗忘的角落。在小米之前，很少有企业将QQ空间作为重点推广渠道，小米的QQ空间每天都会更新“说说”，每条“说说”都会被快速转发几千次，有些转发率达到好几万次，效果已经远远超过微博。而且，小米空间的日志访问量也稳定保持在十几万……利用QQ空间可定制功能，可以实现许多小米网站才拥有的功能，当然，这需要跳转到小米网站才能实现。Alexa（Alexa提供包括综合排名、到访量排名、页面访问量排名等多个评价指标信息，大多数人把它当作当前较为权威的网站访问量评价指标）数据显示，QQ空间给小米官网带去了大约5%的流量，效果非常可观。

小米论坛是小米推广的自留地。许多人觉得论坛已经没落，小米却坚信垂直论坛仍然是很有价值的社交工具，可以图文并茂地展示产品信息，并通过不断地盖楼，及时解答用户的所有问题。小米用论坛把铁杆粉丝牢牢圈住，通过他们不断获取产品的改进意见，收集大量用户反馈信息。在论坛里聚集了大量的小米手机发烧友，随便一个帖子都有几百条回复、上万次浏览量。小米社区每天80%的流量都是来自小米论坛。

微信是小米推广的新战场。雷军和黎万强在微信上都有订阅公众号，小米手机、小米电商、小米路由器等在微信上也都设有服务号，这些平台基本都能够承载网站现有的功能。小米用心打造微信平台，曾经创造4个月吸纳百万粉丝的“传奇”。小米3上市时，其曾经在微信上开展预订手机活动，反响非常不错。

此外，小米还涉足众多新的社交工具，如微米、微视、来往等等，尽管小米在新领域还没有大规模推广，但毫无疑问，小米已经在众多社交工具中找到了合适的工具，很好地把粉丝圈起来，以稳固在未来的粉丝经济中的领导者地位。

小米成立之初，雷军曾立下“三条军规”，其中最重要的一点就是“与米粉交朋友”。雷军对海底捞非常认同，将与粉丝交朋友变成一种小米全员行为，对一线工作人员充分授权，让他们有权力自主决定如何让客户满意：用户投诉或不满时，客服可以自行选择赠送贴膜或者其他小配件；用户抱怨一个贴膜也许不够时，客服会很贴心地在配送时加送一个贴膜……正是因为这些贴心的细节之处，让小米的人性化服务深入“米粉”的心。

在小米一年数百万的销售量中，小米手机的重复购买率达到42%。黎万强总结说：“做朋友的心理就是，如果你这个问题是你的朋友来找你解决的话，你会怎么做？那当然是你能解决的话就给他立刻解决了，解决不了也要想办法帮他解决。小米一路走下来，如果能够踏踏实实地维护好一两百万的用户，而且这些用户真的认可我们，对这个品牌的忠诚度、认可度很强，其实就够了，不要想太多。”

小米的管理金字塔的顶层是可以参与决策的发烧友。在这个群体中，最为人们津津乐道的就是荣誉开发组，简称“荣组儿”。小米以赋予“荣组儿”成员特权的方式鼓励其参与决策，比如提前试用尚未公布的开发版，条件是需要对新系统从自身角度进行评价，进而鉴别新版本的好坏。

小米的精英工程师们都对神秘的“荣组儿”充满敬畏，因为他们权力很大，甚至参与绝密产品的研发，并且可以跟整个社区说：“‘荣组儿’觉得这个升级版是一个烂版，大家不要升级。”因此，如果“荣组儿”对小米工程师说：“这些问题如果不改掉就被判定为烂版。”后者就会特别紧张，马上采取行动解决“荣组儿”提出的问题。

对于邀请“荣祖儿”参与**MIUI V5**产品的研发这件事，**MIUI**负责人洪峰说：“很多的沟通是双向性的，需要给用户权力。只有他觉得自己做一些事情会让你很难受的时候，他才能有动力。提前给‘荣组儿’试用V5新版本其实也承担了很多泄密的风险，但是我们又不能够得罪用户，所以当时我们选了大概10个用户。这些用户在‘荣组儿’里面人品是久经考验的，他们是我们用户里面的常委。当你真的信任了用户，用户也会信任你。”

在手机发烧友概念的基础上，小米进一步定义出一个新的消费族群，这个族群，与学历、经历、工作无关，但是他们的共同点在于：追逐科技新潮流，是小米手机的铁杆粉丝。这种类似建立一种品牌宗教的概念，使得他们“忠心”为小米摇旗呐喊、奔走相告，并集结在一起成为拥有共同兴趣爱好的群体，最终推动小米品牌的长远发展。

从塔基到塔身、塔顶，小米“金字塔”实行分层级管理，因人而宜，因事而宜，力求打造稳定而有战斗力的粉丝集团军。

第五节
口碑的真谛是超越用户的期望值

2011年12月17日，在AAMA亚杰商会的演讲中，雷军提出一个尖锐的问题："我听说也看到某手机品牌一年投放广告费是20亿人民币，我就在想，我们为什么不把这20亿人民币还给用户呢？当我们满大街打一个广告，把两三百块钱的手机卖到两三千块钱的时候，那不是一种保健品吗？这是不会长久的，在今天社交化媒体如此发达的时候，还有什么东西比口碑更重要呢？"

在过去的几年中，随着运营成本和物流成本不断上升，电商企业压力不小，不得不节衣缩食，但是对广告投入却毫不手软。雷军并不认同这种打造口碑的方式。他说："如果你的产品真的好，通过口口相传，就会变成每个人都说好的东西。所以我在设计小米的时候，就提出用互联网方式把口碑提上去，免费做营销。"

创立小米之初，雷军就认定口碑营销是最好的推广方式。可是口碑究竟是什么呢？雷军说："口碑的真谛是超越用户的期望值。海底捞看上去不是很豪华，但它的服务超越了我们的期望值，所以我们觉得好。相反，我去了迪拜的帆船酒店，大家都说那是全球最好的酒店，我却无比失望，因为去之前我的期望值太高了，而我的失望也并不是因为他们真的差。所以，口碑的核心就是超越预期。”

在雷军看来，打造良好口碑的核心是要超出用户的预期值，这样用户才能感受到差距，就会打造出良好的口碑。在此基础上，雷军总结出超越用户期望值的两个途径：一是降低用户的期望值，二是超出用户的需求。

重新出山创办小米，雷军对团队内部特别强调两点：一定要保密，一定要足够低调，这样用户的期望值为零，他们会更理性地判断产品的好坏。从2010年4月6日小米成立，时隔一年多，直到2011年7月12日外界才知道——原来小米公司是由雷军创办的，原来MIUI由小米出品。此时MIUI仅靠“米粉”口口相传就已经吸引了来自全球50多万名手机硬件发烧友的关注，来自全世界24个国家的MIUI粉丝自动自发地将MIUI升级为当地的语言版本。据不完全统计，MIUI系统刷机量达到100万。

有人问雷军，如果他一开始就大张旗鼓地创办小米，说小米是雷军宣传的，小米是一个很牛的团队做的，MIUI是非常非常好用的，会不会吸引更多人来使用呢？雷军不以为然，因为让用户没有期望，他们才会觉得这个产品好。如果他们有了很高的期望值，就未必说这个产品好了。这就是超越用户期望的意义。雷军说：“当企业提供的产品、服务超出了用户的期望，他们会变成公司品牌、产品最好的传播者。最重要的是用户体验，你所提供的无论是纸盒包装，还是30天无条件退换货，实际都是为了超出用户的需求。”

小米手机上市之初，税务局给小米的发票非常少，很多用户的发票无法及时开具。后来，机打发票的申请终于得到了税务局批准，小米立刻启用12台高速打印机连续工作10多天，还用坏了两台打印机。小米的理念很简单，一定要第一时间把发票送到用户手中，所以坚持用快递寄发票。另外，雷军还特别叮嘱，寄发票的时候要附上一张非常可爱的米兔贺年卡，同时寄出一张手机保护膜。用户收到发票和小礼物后很惊喜，寄来好多感谢信。

2012年4月27日，小米推出“首批30万预订的“米粉”感恩回馈活动”，专门为前30万小米手机用户制作感恩卡，还为每人无条件赠送100元现金券，凭券可以在小米网站上购买任何价值100元的商品，不需附加购物。对于用户来说，买卖交易完成后并不期望还能从厂家获得什么，而小米却在用户购买手机8个月后向他们发放价值100元的现金券，这是超出他们预期的意外惊喜，这样做自然会赢得好的口碑。

在所有的营销要素中，优质低价是最具杀伤力的武器，也最容易形成超越用户预期值的效果。雷军说：“一个朋友说，PC工业的问题是，所有人都假定用户需要最便宜的东西，结果东西的确便宜了，但是用户不喜欢了。所以，**用户首先需要的是好产品，其次才是便宜的产品**。”只有最大限度地降低成本才能让优质低价成为可能，小米将销售渠道作为砍掉成本的重要环节。雷军说：“小米手机除了运营商的定制机外，只通过电子商务平台销售，最大限度地省去了中间环节。通过互联网直销，市场营销采取按效果付费模式，这样的运营成本相比传统方式就能大大降低，从而最终降低终端的销售价格。”

2012年8月，在小米2的发布会上，雷军利用优质低价进行了一场“超越用户的期望值”的现场试验。开场时，雷军介绍M2采用的CPU是APQ8064 1.5GHz，这款处理器是高通公司的高端产品骁龙S4系列之一，它的性能在这个系列中独占鳌头。也就是说，M2拥有一颗强大的心脏。然后，雷军公布了一系列参数，800万像素的后置摄像头，200万像素的前置摄像头，强大的图形处理功能，IPS超高PPI精度视网膜屏，每一个数字都彰显M2的超高性能。当粉丝都在猜测这款高性能手机售价多少钱，是2500还是3000时，雷军这才高声宣布：“M2市价1999元！”

至此，全场彻底沸腾，所有人的购买欲望瞬间被点燃，评价这款手机是名副其实的“性价比之王”。

第六节

企业家品牌自营销

从20世纪初开始，国外就有为国家领导人设计形象的专业机构，后来延伸到包括企业家在内的各类公众人物，比尔·盖茨、杰克·韦尔奇、史蒂夫·乔布斯等世界顶级CEO，都是经过品牌策划和传播推广造就的时代偶像。企业家个人品牌和口碑，已成为企业营销最重要的工具。

1996年，从美国学成归来的搜狐创始人张朝阳被当作开放自由、个性解放的互联网精神代表人物，深受媒体和公众追捧。他曾赤裸上身出现在时尚杂志封面，在天安门前玩滑板的酷照被《南方周末》刊载于显眼位置，关于他的封面报道和安顿的《绝对隐私》放在一起出售。2006年，中央电视台举办大型商战真人秀《赢在中国》，担当评委的柳传志、马云、史玉柱、牛根生等企业家被推上“教父”神坛，成为当时最耀眼的明星群体。在日渐多元化的互联网时代，无论是玩微博的任志强、潘石屹，还是攀登珠峰的王石，讲段子的冯仑，都在有意无意、主动被动地推广包装中成为商业舞台的主角，个人和企业美誉度、知名度都随之明显提升。企业家品牌形象传播已成为潮流，这种四两拨千斤的新营销方式已形成一套完善的系统。

崇尚顺势而为的雷军，从创办小米的第一天起，就注重个人品牌的价值。

小米以互联网营销模式制胜，“米粉”起到决定性的作用。既然是粉丝，就应该有相对应的偶像，“米粉”的偶像除了小米手机之外，就是雷军本人。很多“米粉”表示从来没有追过星，唯一追过的明星就是雷军。

如果了解“米粉”的群体特征，就不会觉得这句话是夸张的奉承。在小米的定位中，典型的“米粉”具备以下特征：年龄介于20岁到30岁之间，职业属性为理工男，经济实力尚可，采购能力有限。这样一个群体将偶像定位为雷军不足为奇，“米粉”将雷军称作“雷布斯”，与商业传奇、智能手机鼻祖乔布斯相提并论，足见雷军在粉丝心中的举足轻重的地位。

雷军自称是深度手机发烧友。他用过的手机超过60部，其中包括最早版的摩托罗拉“板砖手机”。他还自曝在2004年使用诺基亚手机后发现很多问题，向供职芬兰公司的朋友提出1500多条改善建议，但诺基亚却无动于衷。雷军对手机的热爱很容易引起有“发烧友”特征的“米粉”的共鸣。

事实上，雷军在粉丝心目中的巨大影响力，除了由于个人魅力之外，还在于其高超的自营销能力。2011年8月16日，在北京

798艺术区举行的小米手机首发会上，雷军身着一件乔布斯式的黑T恤、一条牛仔裤、一双Angry bird布鞋，牛仔裤加黑衬衫的“标配服装”、举手投足的“乔范儿动作”，在豪言壮语的激情中，很难让人不把他和乔布斯联系起来。而且，小米的舞台布置很大程度上参考了苹果手机的发布模式，比如摄像机与投影的布置，以及理念的呈现方式，都和苹果手机发布会有着惊人的相似。

一战成名，雷军和小米手机迅速走红。媒体人都乐意拿“雷布斯”炒作他，但雷军本人似乎并不领情：“时光推到20年前，我如果被大家誉为‘中国的乔布斯’，一定会很开心，但对于一个40岁高龄创业的人来说，说我是某某某第二，我还真开心不起来。”随着小米不断取得更大的成就，雷军身上关于乔布斯的印记将逐渐褪去。他本身就是传奇，无须攀附。

而且，雷军还善用社交媒体来扩大影响力。他是一个微博控，所发布的微博几乎没有“废话”，都和小米手机有关。不论是媒体报道还是“米粉”的抱怨或称赞，雷军看到了都会顺手转发或者评论。据说在小米成立早期，雷军每天大部分的精力不是花在商务应酬上，而是与“米粉”打成一片。如果他看中某个粉丝的创意，就在论坛里昭告天下，让这个粉丝在圈里扬名，甚至会邀请有想法的粉丝加盟小米公司。通过微博平台，雷军可以和粉丝沟通，搜集信息，倾听心声，主动拉近与用户、公众的距离。雷军就是这样培养出一大批忠诚热情的“米粉”，形成呼风唤雨的影响力。

值得注意的是，雷军并非孤军作战，小米已形成全方位的立体社交营销系统，仅微博就形成矩阵效应：企业微博有@小米公司，产品微博有@小米手机，论坛微博有@小米社区，领导人微博有@雷军、@黎万强等，粉丝团微博有@小米粉丝后援会等，体系庞大、种类繁多的微博营销很容易炒热话题。据说，小米1和小米2的相关微博被转发近百万次，累计评论超过50万次。

而且，企业家品牌的建立不仅要关注线上的互动、作秀，还要重视线下活动。雷军是真心把用户当成朋友，在乎“米粉”的感受，即便工作很繁忙，他也会尽量保持和粉丝互动的习惯。小米有著名的“米粉节”，在这个盛大的见面会上，雷军直接和粉丝沟通，除了交流想法之外，还会赠送粉丝玩具汽车、自制玩偶等由他精心准备的礼物。

在物欲横流的商业化社会，不仅是企业家、公众人物，每个人都要注重建立独特的形象，不管是与生俱来的个性，还是刻意设计的形象，都有助于从千万人中脱颖而出。个人形象本身就是口碑、品牌，也是营销、推广，这是个人一生的事业。

第八章

服务：

关注用户体验是保持企业竞争力的关键

体验为王

人所需要的尊享感、特殊感非常需要被满足。对于特定的平台，特定的人群进行定制，很好地满足了这样一个需求。

小米做的不是产品，是生活方式，是lifestyle。

小米客服工作的宗旨是：提升服务质量，和“米粉”交朋友。

尽量以服务品质和口碑为主做好维修，而不是以盈利为主做好维修。

第一节

体验为王

雷军说："我觉得整个互联网公司把用户体验、用户口碑一步一步推到极致，这才是互联网给传统产业带来的最重要的思想。"在互联网时代，一切行业都是服务业，所有公司都是服务公司。

创办小米之前，雷军做的第一件事就是倾听用户的心声。当时Android手机在中国市场占90%左右的份额，可人们对Android手机有很多抱怨。其中问题最多的是Android手机非常耗电，一个新手机什么功能都不用，不打电话，不上网，不收短信，只是让它处于待机状态，12个小时后就没电了。针对用户的抱怨，雷军首先想到利用MIUI系统解决耗电问题。

小米研发团队发现，Android手机耗电的根本原因是后台启动装载的应用，系统会频繁唤醒。针对这个问题，MIUI系统开发的第一个功能就是控制应用系统，用户自己设置哪些应用在后台启动，哪些应用允许自动唤醒，哪些应用可以联网。这样一来，哪怕手机装了100个常用应用，待机能力照样可以提高两倍。借助这个创新，小米1S手机做到最长待机7天。这种功能上的创新在用户中激起强烈反响。雷军坚信，关注用户体验是保持企业竞争力的关键。

在北京、上海等城市，很多白领每天上班会花费一两个小时的路程，所以他们习惯在公交车、地铁上玩手机游戏，尤其是80后、90后，乃至00后群体，手机游戏是生活中不可缺少的娱乐方式。为了带给这部分人群最佳的应用体验，小米很注重游戏平台的建设。

在手机的配置上，小米要求每款手机都要做到“三最”：最高的性能、最大的内存、最好的图形处理能力。比如小米1和小米2都是高通旗舰芯片的全球首发机型，这些高端配置能够保证游戏软件的顺畅运行，带给用户极致的体验。而且，小米还跟游戏厂商合作，推出定制化的游戏。在2014年的“米粉节”上，一家游戏厂商在小米平台上发布一款游戏，里面随处可见小米公司名称和公司吉祥物的影子，让小米用户备感亲切。洪峰说：“人所需要的尊享感、特殊感非常需要被满足。对于特定的平台，特定的人群进行定制，很好地满足了这样一个需求。”这种专门定制的游戏带给“米粉”一种心理上的荣耀感，无形中提升了小米手机的应用体验。

推出定制化的手机游戏，让用户可以随时随地沉浸在游戏的乐趣中。可如果在家里玩游戏的话，用户就会觉得手机屏幕太小，玩得不过瘾。为此，小米游戏平台在设计上充分考虑了与周边设备的互动，比如小米推出的小米盒子就可以让用户在超大屏幕上畅快地玩游戏。

继小米手机、小米盒子之后，小米又推出了小米电视。小米团队放出豪言："小米做的不是产品，是生活方式，是lifestyle。"言下之意，小米今后陆续推出的产品将延伸到生活的各个方面。小米用户体验高级总监唐沐说："小米在研发一项产品的时候，会综合考虑一个完整系统中的每一层面——我们针对的是哪些目标客户，对于这个目标群体，我们要关注到哪几个层次的需求？怎样的用户体验才会更出色？产品的各项性能指标如何分配？价格区间如何定位？这一系列的因素综合起来才是真正完整的产品设计。当用户把这样的产品带回家，从使用它，到乐于使用它，最后到不能离开这个产品，这才谈得上你改变了他的生活方式。而这才是小米的追求。"

在小米的规划里，任何产品都不是凭空而来的，而是由用户需求激发的。带给用户更好的体验是最根本的产品开发原则。为此，除了在产品设计上注重用户体验外，小米还重视客户服务平台的完善。

2013年6月，小米与业界领先的Avaya Aura通信平台合作，引入了一套新的客户服务系统。这个系统可容纳650个坐席，通过统一的坐席员界面，系统可以把客户询问转接给最适合的坐席代表，后者可以通过语音、邮件、网络等多种渠道解答客户的问题。

在这个系统中，小米的联络中心和后台可以在整个公司内收集并分享客户反馈信息，及时采取相对应的解决措施。新系统帮助小米实现了智能、及时和更为自动化的客户服务，让客户在任意渠道都可以感受到一致的服务体验。雷军说："小米公司非常注重用户体验，但是用户体验绝不仅仅是使用小米产品的体验。我们想在与客户接触的每一个点上都提供最好的体验。小米公司新的客户服务平台对实现这一目标将起到至关重要的作用。"

小米非常重视用户体验，对于销售末端的物流配送环节毫不懈怠。2014年3月底，在物流行业素以低调闻名的顺丰创始人兼总裁王卫到小米公司参观，学习小米的互联网思维，雷军希望小米借此"升级进化"。2014年4月8日的"米粉节"那天，小米共卖出130万台手机、近480万个配件，其中60%的手机配送订单由顺丰完成。顺丰给小米用户的待遇是专人专车，优先派送，配送能力达到48小时覆盖18个城市。为了应对"米粉节"的销量冲击，小米在天津、郑州、广州、南京新增4个仓库，仓库两个月内就快速建成完工。到2014年4月，小米在全国共有10个仓储物流中心，仓储面积是5万平方米（两年前第一个物流仓储中心仅900平方米），团队也从400人扩增到1500多人。

小米对用户体验的重视，体现在产品开发、产品设计、客户服务、物流配送等各个环节，并竭尽全力做到极致，超越用户预期。

互联网时代，信息越来越透明，消费者对服务满意与否能够通过互联网渠道快速让所有人都知晓，用户才是市场的主宰者，甚至掌握一家企业、一款产品的生杀大权，所以许多淘宝店主对用户差评视若洪水猛兽，如履薄冰地对待每一个客户的评价。用户体验关系企业成败，过去产品交到用户手中就算交易完成，如今这才算交易的开始，一切都被重构，体验为王的时代已经到来。

第二节

细节打动用户的心

雷军向海底捞学服务，关键是抓准海底捞用细节打动人心的能力。他说："我很长时间都在思考为什么海底捞这么火，也看到微博有很多段子说地球人已经无法阻挡海底捞，最后发现海底捞提供了超出用户预期的服务，让普通消费者转化成了品牌粉丝。有人说在海底捞吃饭的客人想打包没吃完的西瓜，服务员会给你包好整个西瓜让你带回家，正是这些细节打动了用户的心。"

随着智能手机的普及，手机上网已成为人们吃饭、逛街、玩乐时必不可少的生活方式，一个新症状开始在人群中蔓延——"WiFi依赖症"。这是一群无论到哪里都会第一时间先问有没有WiFi的焦虑者，他们只要一离开WiFi，简直就无法生存。网上流行着一个玩笑段子：人世间最痛苦的莫过于手里拿着手机，身边却没有WiFi；比这更痛苦的是，有了WiFi，却都被人加了密；最痛苦的是，WiFi加密也就算了，还起个名字叫"想蹭网？没门！"这些现象都说明，使用WiFi已成为人们的生活习惯。

2014年3月，针对人们对WiFi的渴求，小米升级版的“MIUI”中增添了“免费WiFi”功能。小米和免费WiFi提供商迈外迪合作，为小米手机用户提供免费WiFi。在迈外迪服务覆盖区域，小米手机发现“免费WiFi”后，已登录小米账户的MIUI用户会自动弹出提示框，提示用户发现网络，是否连接，点击确认后即可完成连接，整个过程不需要在屏幕上输入任何账号和密码，一键就可完成。迈外迪已经覆盖全国各地包括咖啡厅、餐厅、酒店、机场、火车站在内的2万多处场所，小米用户在这些场所都可以享受到免费WiFi。

小米以后还会进一步扩大免费WiFi的覆盖范围，因为它能极大地提升用户体验。雷军说：“这个小服务受到很多小米用户的欢迎。事实上，类似这样的优化，在小米手机中最少有1万处。小米就是靠这样一个细节来打动用户，而只有用户使用后才会理解为什么这么多人喜欢小米。”

雷军曾说过：“作为领导者你一定要把你所关注的事情的每个细节拎出来，或者在你的队伍中形成这种文化，你的事情才能做得好。用柳传志的话说就是比谁夯得实，夯实了哪怕晚走半步也能赢。”熟悉雷军的都知道，无论什么时候他的衬衣都非常平整，皮鞋永远一尘不染。他事无巨细，总能发现别人容易忽略的细节。

雷军认为：“任何事情都是由细节构成的，细节做好了，事情自然就做好了。”以请客这件小事为例，雷军都能提出“四步请客法”：“要把一个客人请到一定要花4次的时间：第一步，你要提前一周至两周跟客人打电话说明情况；第二步，要提前一周给客人寄请柬或发传真；第三步，要提前一天跟客人做确认；第四步，离请客时间还有半小时，要再给客人打电话确认。这样，一般客人都会到，如果他不到的话，那他就欠了你天大的人情，下次你打一次电话他就一定会来。”完成以上四步，请客才算刚开始。雷军说：“会前，当你请100个人时只摆80个凳子，这就确保所有的位置都能坐满，免得刚开始前几排都空着，不好看；会后，你要总结，要查看一下每个人的签到率，每回都请10个人，结果只到了6个人，这就说明了工作有问题，需要改进。无数个细节做完以后，你就能确保最后整个会议的质量。”

所有的细节，只为打动用户的心。在小米的包装、产品上，如字体、字号、东西大小以及摆放位置，这些细节雷军都会过目，包括小米微博里发出去的每张图都是雷军定的。这样就保证小米推出的所有东西都有一致性，这就维持了小米很高的品质。

手机最基本的功能是打电话，跟其他智能手机不同，小米在打电话的细节上做了很多打磨。比如，用户标记功能，一个陌生号码打进来，小米手机会自动对它进行标记，是快递送货电话，还是保险推销电话，一目了然。小米的铃声功能也很独特，当铃声响起超过多少次之后，铃音会逐步放大，到了最后几声，会放大到最大音量，确保你不会因为听不到而不接电话。而在铃声响起，你拿起手机的一瞬间，手机能感应到方位的变化，铃声会自动减弱，避免了不方便接电话的时候，铃声疯狂折磨你的窘况。

一直以来，群发短信虽然省事，却显得诚意不足。针对这个问题，小米对短信群发功能进行优化，在群发短信时可以插入称呼，比如“称呼”+“中秋快乐”，当你要群发短信时，手机会动态地把临时姓名这一栏填上去，对于极个别的人，还可以修改他的名字，真正做到智能群发。而且，小米手机设置了一个私密短信入口，当用户把短信标记成私密短信后，在入口处没有任何找到私密短信的方法。

小米团队在与用户沟通的过程中，用户会提出很多细节性的问题和建议，小米团队都会重视。有一个用户询问来电显示能不能显示女友的照片：“好不容易给女友拍了一张漂亮照片，想经常看到。”不久以后，**MIUI**系统中就出现了来电照片全屏展示功能，很多用户都很喜欢。当然，小米团队并非毫无保留地听取用户意见，事先都要调研、分析、判断，然后做出采纳与否的决议，这样既能保证不漏掉任何有意义的用户建议，也不至于被某个偏颇意见带入错误方向。

对于小米来说，当前最大的难题是如何保持用户对小米的关注度。黎万强认为小米留住用户的关键是细节：“在信息高速化的互联网中，创新固然重要，即使是颠覆性的创新，也不能保证持续满足用户的需求，那靠什么来做到满足用户要求的可持续发展，就是一个态度的问题，而在产品细节方面下足功夫，是每一个企业必须要端正的态度。”

第三节

客服是连接小米和用户的关键

“小米企业知道用真诚、用心的专业回答，负责到底的服务态度，每天与10万余‘米粉’做朋友，因而荣获2012年百度企业知道最佳客服大奖。”在2012年百度企业知道的年度盘点上，在最佳客服奖项中，小米因为“回答量最多和满意度最高”荣获“最佳客服奖”，雷军开心地在微博上与粉丝分享这个好消息。

对于电子商务企业来说，客服是直接与用户沟通的途径，也是决定企业的服务质量和品牌形象的重要因素。因此，雷军极其重视小米的客服环节。他说：“客服是连接小米和用户的关键，决定了小米在‘米粉’心中的品牌形象。目前，小米呼叫中心拥有1000名座席，是中国手机行业最大的呼叫中心，接通率同样业内领先。”小米客服工作的宗旨是：提升服务质量，和“米粉”交朋友，并提出口号：“我要这样持续地、专注地、热情地、认真地、微笑地为您服务，亲爱的‘米粉’，您是我挚爱的朋友。”小米一直强调“与用户做朋友”，客服理念与粉丝文化一脉相承。

小米的微博客服是一大特色，在新浪、腾讯两大主流微博网站，小米都开通了企业微博，用户在微博上对小米公司或者小米手机提出问题，客服都会在半小时内做出回应。雷军希望通过不断加强客服团队的建设，早日实现24小时为“米粉”服务的目标。

值得强调的是，雷军本人就是小米的“头号客服”。他说：“我一周上6天班，其中有5天是在小米。我每天都要登录小米论坛和我的微博，上面有许多网友甚至是‘米粉’的留言，我对这些意见特别关注。有些好的意见，我会和同事们商量予以应对。”有很多关于产品功能的好建议，就是通过“头号客服”雷军及时得以体现。据说，有一次，雷军女儿的老师问她：“你爸爸是做什么的？”雷军女儿回答：“我的爸爸只做两件事情，开会和做客服。”对雷军而言，公司战略的部署与做好客服是同等重要的。

黎万强认为，设计人员和开发人员必须要多用自己的产品，亲身使用才有发言权。小米公司创始人、高管每天都要花2～3个小时泡在论坛上和用户沟通、发掘需求。与粉丝沟通时，小米明确规定：15分钟快速响应。无论是用户的友好建议还是抱怨质疑，小米工作人员都必须在极短的时间内回复解答。同时，小米把是否按时回复论坛帖作为工程师工作考核的重要指标之一。小米科技高级客服总监杨京津介绍：“上至老板，下至我们一线员工，我们每个人的全员服务意识不是一句口号，而是源自我们的行动，源自老板的榜样作用。”

通过客服收集用户需求，然后由客服把意见反馈给相关部门，这是很多电子商务企业的惯常做法。小米觉得这样还远远不够，主张包括研发、设计在内的所有人员都要到一线与用户沟通互动。在这种理念下，小米的用户论坛和开发组的bug管理系统实现直接对接，用户有新需求和想法随时可以与开发组人员互动。

为了更好地提高服务质量，小米售后团队在手机端打造了一个名为“小米点滴”的系统。在与客户的沟通中，员工发现任何问题都可以在点滴系统上提出建议，所有人都能看到这些建议，并且可以对建议进行评论和点赞。在一定时间内，点滴系统运营小组会对这些建议进行归纳、总结、分析，采纳的建议会很快落实，提出建议的员工会得到一定的奖励。通过这种方式，小米的客户服务形成了一个“活”的系统。

随着小米手机在市场中持续热销，服务要求也需要快速提升。对此，雷军深有感触：“海底捞一直是我们学习的榜样，我们需要加速完善我们的服务。”小米有一个不成文的规矩：新进员工先被拉去吃一顿海底捞。雷军认为，海底捞成功的关键就是它的服务总是超越用户的期望，他希望小米能够向海底捞学习，通过服务渠道拓宽、服务人员齐备、全员都参与服务等形式提升小米的服务水平。

为了保证服务水平，小米60%以上的客户服务都采取在线沟通模式，这就要求所有一线客服员工对每个产品技术都要熟练掌握。这是所有客服工作中的最大挑战。杨京津说："我们会给一线员工制造一种氛围，那就是创新服务氛围。在这里边，我们没有森严的等级制度，没有森严的KPI指标，我们的KPI指标只有一个，那就是帮用户有效地解决问题。"据杨京津介绍，在"帮助用户解决问题"的理念要求下，基层员工自动自发地把枯燥复杂的技术问题设计、制作成一幅幅漫画，并以滚动视频的形式在办公区的功能屏上循环播放，客服人员工作间隙和休息时抬头就能看到，很多枯燥的技术问题就这样潜移默化地进入到每个人的脑海中，当用户提出相关问题时，他们就能及时、全面地给出答案。

此外，小米扁平化的组织结构成为客服工作的一大优势。一线客服人员与客户沟通过程中遇到任何问题，都可以随时在公司内部的米聊群中反映出来，并可以直接@相关负责人，甚至可以直接@雷军寻找解决方案。这种做法能够保证问题在第一时间得到快速解决。

第四节

用极致思维提升售后服务水平

有一次，雷军在微博中写道：“销量真的不是我们追求的第一目标，相比销量和利润指标，我更在乎的是：小米手机产品是不是更酷？用户体验是不是更好？还有，是不是更好买？售后服务是不是更健全？小米刚上路，还有不少问题，所有小米员工都在非常努力地改善，期待得到大家的理解和更多的鼓励。”

随着小米手机销量的不断增长，售后服务跟不上的问题浮出水面，一度饱受诟病。雷军对批评者回应：“小米正处于快速成长的过程中，我们有信心也有决心把售后服务做得很好。”不解决售后问题，将造成用户流失，这是小米最不能承受的损失。没过多久，“小米之家”强势推出。与一般的售后服务站不同，“小米之家”有点儿像苹果“天才吧”的俱乐部形式。雷军想把“小米之家”打造成各地区小米用户的聚集地，而不是只有冷冰冰的服务台和陌生的用户。

在“小米之家”，用户可以自取手机，如果有产品规格、操作指导甚至玩机技巧等方面的疑问，小米员工都会耐心解答。如果产品出现问题，“小米之家”会为用户提供快速、省心、贴心的售后服务。另外，“小米之家”会定期举办线下线上活动，让“米粉”可以自由分享，无缝沟通。

雷军创办“小米之家”有一个原则：“尽量以服务品质和口碑为主做好维修，而不是以盈利为主做好维修。”他认为小米手机本身还不到2000元，并不希望维修费用过高而损害小米手机的口碑。要知道，手机维修其实是一个利润非常高的环节，换一个屏幕要四五百块，修一个键要七八百块，雷军却主张放弃维修利润，因为留住用户比赚钱更重要。

2011年4月6日，全国第一家“小米之家”——“北京小米之家”开业，这标志着小米售后板块正式启动。2012年3月11日，郑州、长沙、无锡、东莞、济南、大连六地的“小米之家”同时开业，小米开始在全国范围的网点布局。如今，小米在全国已经建立起29家“小米之家”，一线城市基本实现全面覆盖。小米用实际行动告诉用户其完善售后服务的决心。

2014年6月10日，小米开启“服务点赞月”活动。在小米之家或者售后网点的宣传海报上写有：

1. 线下18家小米之家免费提供手机贴膜服务；

2. 前往任意小米之家或售后服务网点即可进行免费手机除尘清洁、全方位检测、刷机及软件升级服务；

3. 前往任意小米之家及售后网点，维修非保手机免手工费；

4. 保修期内1小时修好手机；

5. 前往线下18家小米之家、500家小米授权售后维修中心，体验售后服务且参与线下点赞活动有机会赢取礼品一份。礼品含：小米移动电源10040mAh、世界杯纪念版米兔、20元小米商城抵扣券、活塞耳机、正能量鼠标垫。

这次“小米服务点赞月”提供的服务项目很大一部分来自小米用户的反馈。免费贴膜、免费清洁、免维修手工费等服务是很多手机厂商服务网点的一大利润来源，小米却全部免费，优惠力度非常大。而且，这些免费服务并不限于小米手机，很多到“小米之家”享受贴膜服务的用户手里拿着两部甚至多部手机，除小米之外，还有苹果、三星等品牌。“小米之家”的员工看到后，主动为用户的所有手机都做好清洁，贴好膜。这让很多用户纷纷感叹“太划算了”，并邀请身边的朋友去“小米之家”。小米的做法又一次实现了超预期，受到用户的极大关注。据统计，“小米之家”周末最多能接待300人。

在“小米之家”体验过的用户最大的感受是小米员工有朋友的感觉：“其他手机售后服务就是单纯地接件，不会和用户了解手机的使用习惯，不会对用户不了解的情况进行耐心地讲解。”

正如雷军所说：“用极致思维提升售后服务水平，践行‘与用户做朋友’的理念，并树立新的行业服务标准，将是小米在2014年最重要的一项任务。”“小米服务点赞月”活动的直接目的就是邀请用户参与进来，全面贯彻小米的“极致思维”和“与用户交朋友”的理念。黎万强认为，小米的售后服务将走出一条不同的路，“在全面服务精细化、品质流程标准化的基础上，提供更具‘参与感’和‘人性化’的‘非标准服务’。”

小米将做到极致的产品思维应用到售后服务体系中，重视参与感和与用户相互之间的情感交流，这种具有开创意义的做法将促进行业服务新思维、新标准的形成。

在经济学上有一个经典的“二八原则”：对于企业经营而言，利润的80%往往来自20%的忠实用户，而留住一个老客户所花费的成本还不到争取一个新用户所需的20%。作为企业与用户接触的最后环节，售后服务是留住用户的有效途径。美国“旅馆大王”希尔顿曾总结：“请你在离开我的希尔顿饭店时留下改进意见，当你再次光临我的饭店时就不再会有相同的意见——这就是我的经营诀窍。”

售后服务做得好，能为下一次销售打好基础，在消费者中树立起良好的口碑，并能得到最快速地传播。小米重视售后服务，不惜成本提升售后服务水平，把售后服务当作与客户交流沟通的一次机会，也是用户了解小米文化的一道窗口，是维系企业与用户关系的一个重要枢纽。售后服务，不再停留在帮用户解决问题的初级阶段。

第九章

竞争：
推动整个行业的互联网化

竞争带来超越

在服务和研发环节加大投入，在营销和物流上控制成本，将制造环节剔除，注重产业链的组织与整合。

竞争对手是自己的磨刀石。

只有死过三次的公司才算真正成功，烧不死的鸟才是凤凰。

第一节

山中无老虎，站出来的大王也没有什么用

毫无疑问，小米已成为中国最炙手可热的现象级公司之一，许多企业都将其作为标杆效仿，包括竞争对手也一拥而上。雷军淡定地说：“如果他们只是学战术，没有植入互联网思维，效果不大。”

雷军创办小米之初，在手机行业堪称“三无人员”——无经验、无人际关系、无资源，必须先向竞争对手取经。雷军曾多次在公开场合表示，世界上只有两家互联网手机公司：一是苹果，一是魅族。他对这两家公司极其认可，也做了不少研究工作。雷军说：“魅族的手机能够显示来电响铃的时长。别小看这个小小的创新技术，它能很好地替你分辨出那种只响一声的骚扰电话。这样的产品不好才怪。”他曾自称“煤油”，认为魅族的最大魅力在于创新化和人性化。

黄章其实也是一位深度数码产品发烧友，浑身充满“工匠精神”，对产品极度关注，用他本人的话说，就是“产品第一，其

他都是第二”。据说他曾有两三年没有去过公司，也从未抛头露面，一年四季枯坐家中研究产品设计，每月只出一次门，而且是为了理发。

魅族创办于2003年，以生产MP3起家。在已经成熟的“芯片商把控上游产业核心、方案商提供芯片解决方案、品牌商进行生产销售”的产业链中，魅族凭借以产品为导向的自主研发站稳脚跟，从而称霸市场。2007年，受到乔布斯和苹果手机风靡全球的影响，魅族放弃了销售额高达10亿元的MP3业务，转型智能手机领域，并且在2009年年初成功推出第一款智能手机M8，确立了“中国本土第一智能手机品牌”的地位。

魅族公司刚开始做智能手机就组建了魅族论坛。早期的魅族论坛是技术强人互相交流技术及用机感受的地方，承载着魅族发布新品、更新系统固件、收集产品问题、宣布重大消息、提取用户建议及意见的功能，偶尔还会发起一些线上活动，解决新用户在论坛上的求助等。2009年，魅族推出M8手机，在手机玩家圈里掀起一股热浪，获得了一大批忠实用户。凭借创新化和人性化的经营理念，魅族在两年内就培养出200多万粉丝，仅M8手机就出售了60万台。

雷军对魅族的创新模式赞誉有加。然而，当小米横空出世之后，魅族创始人兼总裁黄章在魅族论坛上指责雷军抄袭：“雷军打着天使投资人的旗号，获取了许多魅族的商业秘密。”对于这种说法，雷军无奈地说：“你做一件事情肯定要了解同行做到什么程度了，要做充分的市场调查。我也拜访了很多家……我也有过其他的思路，但最终决定自己做。做顶配手机，有实力的不见得愿意跟你合作，没实力做出中等水平又不是我要的，只能自己做。”

2013年9月，隐退已久的黄章重新出山，他号令江湖的方式是向雷军开炮。用雷军的说法，“他在网上骂了我们很多的内容”，“用了侮辱性的词”，“而且他也骂了我们的用户”。一直以来，小米对于魅族的攻击不予回应，很有些不屑的味道。而且，“我们遇到的痛苦就是：纠缠你，骂你，侮辱你。你回应，就在帮他markting（营销），不回应，你又很难受。”这一次，雷军决定回应，打算公布与黄章之间交往的短信、邮件。雷军说黄章后来找到朋友说情，他就把所有辱骂的东西都删了。

对于黄章这个人，雷军在接受《人物》杂志采访时有过一大段评价：“我觉得黄章是我们中国这个社会里面少有的草根创业很成功的人，这一点值得我们整个社会用一种更宽广的胸怀和爱护的眼光去看待。刚认识他的时候，我还是觉得他挺了不起的，初中毕业，教育程度并不高，而且从厨师做起，能做到这样的事业。如果你受过良好的教育，有很多资源，你可能不会觉得他做得有多好。但是你把这几条加上去，我认为还是蛮励志的，我觉得这是他的长处。”不过，他话锋一转，“但是，我觉得他有他的局限性。”

雷军所说的局限性，应该包括黄章的批评言论和辱骂之词。雷军不愿做过多回应，只说了一句：“那都是他一家之言。”尽管没有公开“证据”，但小米还是推出一篇文章——《黄章到底教了雷军什么》。雷军比黄章出道更早，而且双方的交往也仅有几个月时间，聊过几次，“我们就问了一个问题：黄章到底教的是什么？”雷军深信“疾风知劲草，路遥知马力”，并斩钉截铁地说：“雷军的口碑不是这一天，不是黄章一个人出来（说了算）的。”

早在金山时代，雷军就和微软这种世界级巨头有过正面交锋。对于竞争，他的态度是：“一个不充分竞争的市场是养不了真正的选手的。山中无老虎，站出来的大王也没有什么用。”黄章复出时，曾传出和董明珠联手阻击小米的消息。要知道，董明珠可是和雷军在中央电视台公开叫板打赌的“敌人”，雷军对此回应“挺好的”。他说：“我觉得这个行业挺大的，能够有各种各样的公司存在，因为一年有4亿部的规模，我觉得小米不可能一家独吃，不可能。所以呢，这个市场的盘子足够容纳各种各样的企业存在，我觉得消费者有更多的选择，对消费者而言是好事。”言谈举止间充满自信。

自从2011年以后，魅族因自身原因遭遇发展瓶颈，小米光芒四射，逐渐掩盖昔日王者的光芒。不可否认的是，小米吸取借鉴魅族的成功经营，依托互联网渠道和粉丝经济大行其道，不断蚕食魅族曾经的领地和荣耀。正因如此，贴身肉搏和攻击责骂也不难理解。

雷军不惧怕竞争，但他需要尊重，毕竟，他是个纵横驰骋20多年的老江湖了。

第二节
差异化的加减法

“要赢得明天，企业不能靠与对手竞争，因为在竞争激烈的已知市场空间中，与对手争抢日益缩减的利润额只能是难以得到获利性增长。”《蓝海战略》的作者钱·金教授和莫博涅教授指出，红海始终是现实商业社会的一部分，它将一直存在，企业避无所避，这就需要企业必须开创蓝海，通过企业产品、服务、形象、模式等方面的创新超越竞争对手，获得新的利润和增长机遇。

2011年，智能手机市场呈现白热化竞争态势：苹果、三星、索爱、摩托罗拉、HTC、诺基亚等国际知名品牌群雄逐鹿，联想、魅族、步步高、天语等国内品牌争先恐后，整个市场竞争激烈，杀成一片红海。在这种局势下推出的小米手机，雷军如何突围？

雷军曾投资电子商务、移动浏览器、游戏等热门领域。他深知，小米生存下去的唯一途径就是差异化。

首先，小米手机开创性地实施高质低价战略，从而与其他智能手机区别开来。在同等配置的情况下，小米要比行业平均价格低400元，对于手机购买预算在2000元左右的用户来说，400元足以影响决策。以小米2和联想K860为例，两者都是以性价比高而引发关注的热门机型，配置、做工、系统等各个方面都极其类似，小米2的价格是1999元，联想K860的价格是2188元，价格相差不到200元。可一个是2000元以下，一个是2000元以上，在消费者的直观印象中，小米2的价格更具吸引力。

其次，小米手机不同于一般手机品牌的大众定位，把目标用户定位成手机发烧友，无形中赋予了小米手机一种品位和内涵，以发烧友为核心展开营销和推广活动，也使得小米在众多手机厂商中脱颖而出。最为重要的是，手机发烧友的黏性比较强，只要是他们认定的产品，就会积极与普通消费者分享，普通消费者也乐于听取他们的意见，这就奠定了小米热销的基础。

小米先做系统后做手机，做手机之前已经拥有百万用户，这些用户是小米手机的潜在客户。小米让这些客户参与手机开发环节，通过沟通、互动发展出一大批“米粉”。这些“米粉”口口相传，成为小米最雄厚的营销力量，这是其他竞争对手不可模仿和超越的资源。目前，小米“米粉”人数已经超过了100万。这100万人是小米的代言人、传播渠道，如果他们每个人至少可以影响8个人，那小米的影响范围就达到了800万人。

在营销推广方面，大多数手机厂家采用的是电视宣传、户外广告等常见营销方式，小米手机则针对手机发烧友，借助论坛、微博、微信等免费平台，采用口碑营销的手段，不花一分钱的广告费。并且这种营销方式能让小米与用户之间的距离最小化，小米能更精准地找到用户需要什么，喜欢什么，使得每次营销推广活动的效果都能达到最大化。

在销售方式上，小米以庞大的粉丝队伍为根基，推出电子商务直销模式。在小米官网平台上，用户先要预约，然后在每周二的12点抢购，抢购成功小米再发货。这种模式让小米掌握了第一手销售信息，做到“以销定产”，保证库存成本最低、资金流转速度最快、中间渠道费用为零。另外，这种营销方式对用户心理有很大刺激，抢到的人会有一种成就感，抢不到的人会产生紧迫感。电子商务直销模式成为其他竞争对手难以企及的优势。

另外，雷军对移动互联网有很深的了解和研究，在小米身上实现硬件（小米手机）、应用软件（米聊）、操作系统（**MIUI**）的整合，三者互为平台、资源共享，形成小米独特的竞争优势。硬件强悍的竞争对手没有以用户需求而生的软件系统，软件系统突出的竞争对手没有小米硬件的高质量与低成本组合，更没有小米庞大的高黏性用户群体。

虽然小米是新创公司，没有品牌、没有知名度，产能不足，但雷军却拥有很多资源，可以借力许多关联公司，如金山软件、优视科技、多玩、拉卡拉、凡客诚品、乐淘等。这些关联公司使小米能享有其他手机厂商都不具备的合作优势，轻松实现低成本、高效率的附加应用价值。小米初期借用凡客的物流系统，小米收购多看、推出小米盒子，这些都源于“雷军系”的平台系统。

营销大师迈克尔·波特指出，差异化战略的重点是创造被全行业和顾客都视为独特的产品和服务，它可以培养用户对品牌的忠诚度，创造出高于同行业平均水平的利润。正如移动互联网实验室所分析的，小米创新性地引入了苹果的移动互联网品牌核心战略，实现了差异化定位，借此摆脱掉竞争对手，开创了一片只属于自己的蓝海。

如何找到蓝海？《蓝海战略》指出，企业首先要自问四个问题：很多产业一向所关注的竞争因素，有哪些是可以完全剔除的？有哪些是可以减少的？有哪些投入是需要提高的？有哪些竞争元素是需要创建的？回答完这四个问题，企业就能创造出新的价值曲线，在竞争市场上脱颖而出。

小米的差异化战略，就是根据“微笑曲线”做加减法，在服务和研发环节上加大投入，在营销和物流上控制成本，将制造环节剔除，注重产业链的组织与整合。这是互联网时代创业型公司可以复制的路径，刚开始可以没有资源、没有用户、没有品牌，白手起家，但一定要找准核心竞争力，冲入蓝海，在激烈的市场竞争中脱颖而出。

第三节

“活化石”与“磨刀石”

“小米科技、奇虎360 两公司撞机，‘小3’大战一触即发。”2012年5月，周鸿祎和雷军这两个湖北人为各自推出的新款手机而对撼，一个强硬，一个倔强，谁都“不服周”（武汉方言，意为不服输、各不买账）。

周鸿祎曾说：“竞争对手是自己的磨刀石。”话虽这么说，可他更像一块坚硬的石头，霍霍然总想磨别人的刀。在IT行业，周鸿祎几乎和所有的大佬都交战过。他不畏惧强敌，深信“不颠覆一定不会成功”，这回他瞄上了老乡雷军。如果说周鸿祎是“磨刀石”，那雷军就是互联网的“活化石”。在他担任金山总裁时，曾请周鸿祎吃过饭，据说这是湖北老乡来北京的第二顿饭，那时马化腾和丁磊等日后的大腕还只是金山的站长。

毕竟时过境迁。2012年5月18日上午10点，雷军的“小米青春版”双核1.2G手机上市放购，定价1499元。当天中午，周鸿祎的首款360特供机1.0G双核“华为闪耀”横空出世，不仅将价格也定在1499元，而且自称国内性价比最高，还以“青春在这里闪耀”宣传，看似与“小米青春版”直接“叫板”。对此，小米公司副总裁黎万强当天发微博对性价比提出了质疑。随后，周鸿祎和雷军先后卷入其中，双方从零部件、CPU、芯片等技术问题一直吵到“人品”问题，一时间微博助推，粉丝站队，水军涌动，这场针锋相对的口水大战愈演愈烈。21日，马化腾也加入其中，发微博助阵雷军，暗指周鸿祎是个“演员”：“剧情、套路、表情每次都差不多。”2010年11月，腾讯和奇虎之间爆发的3Q大战胜负未分，在他看来，这是两年前的旧戏重演。

不过，雷军更愿意将这次论战视为2010年金山和360“口水战”的烽烟重燃。2010年年底，金山爆出“360泄露用户隐私”事件，360却反指“金山搜集用户隐私”，双方各执一词，互不相让，最后闹到工信部介入调解，才暂时平息。

好景不长，握手言和还不到一年，两人又杠上了。2011年8月底，两人因偶像而起的论战可视为小米与360的第一次交锋，为一年后的交锋埋下伏笔。

2012年2月，苹果将360在App Store的应用全部下架，产品质量本无问题，乃是部分产品被刷票所致，盛怒之下，360将矛头指向金山网络，痛斥后者恶意散播负面言论，将提起诉讼。金山毫不示弱，也表示将对360的污蔑、诽谤行为提起诉讼。那时两人的共同偶像乔布斯已离开人世，可门徒因其而生的纠葛仍在继续。雷军学到了“极致追求”和“服务老用户，影响新用户”的理念，并将其视为小米崛起的利器；周鸿祎对“微创新”与“拿来主义”赞不绝口，这将是360手机的制胜法宝。师出同门，打法却迥然不同，谁将笑到最后？时逢互联网乱军混战，无人能答。

和乔布斯一样，周鸿祎和雷军都是争强好胜、个性分明的人。周鸿祎深信“只有偏执狂才能生存”，并对自己“坚忍不拔、不服输”的性格比较满意，在原则面前从不让步。在他看来，“江湖混久了，活着就是硬道理，活着就有机会。”而360手机的成败，是关乎他能否“活下去”、生死存亡的大事，他必须坚持到底。相较而言，雷军身上谦虚低调、温良恭俭让的一面更多，但他亦曾放言：“这（小米）是我人生中最后一件事情，干完拉倒！”这种破釜沉舟的气概决定了雷军对待小米的态度：任何试图点燃小米的星火，都会引爆雷军的火药桶。好在两个人都很讲义气，周鸿祎认同“商业上还是合作为上的原则”，雷军推崇“顺势而为、广结善缘”，所以如果哪天这两个冤家“相逢一笑泯恩仇”，也不足为怪。

商场本是战场，在我们所熟知的所有行业，价格战、广告战等各类商战硝烟弥漫，从未停歇，而且越是同城、老乡，打得越激烈：在福建晋江，安踏与匹克、特步、361度四家混战；在广东顺德，美的与格兰仕捉对厮杀；在深圳，华为与中兴死磕到底；在山东青岛，海尔和海信互相斗法……雷军与周鸿祎的交锋，虽然战场远离故乡，但仍然是两个湖北人的斗法。

商战本身并无是非对错，与其批判“同乡内斗”是种损人不利己、破坏行业规则的行为，不如将眼光放得更长远：如果没有周鸿祎的贴身肉搏，或许暂时领先的雷军就不会居安思危，重新审视后来者追赶的速度和力量；如果没有雷军的凌厉反击，恐怕周鸿祎也不会迅速对新领域的游戏规则有直观准确的判断。更何况，在这场云谲波诡的移动互联网大变局中，各路诸侯正厉兵秣马。这片红海将迎来的厮杀，远不只是两个人的战争。

从内心来说，周鸿祎对小米手机的模式持肯定态度，“它是国内第一个做互联网手机的”。而雷军也并非他所表现的那般战无不胜，他曾感慨：“像苹果一样基于一款手机的移动互联网生态链打造十分困难。”风波过后，雷军说要“感谢”周鸿祎，他用高标准、严要求监督小米，小米可以走得更稳健。“我和我的团队说，周鸿祎讲的，有则改之，无则加勉。”

事实上，周鸿祎的努力没有白费。从雷军回应骂战的那一刻起，360与小米的新品争夺战就成为媒体和公众关注的焦点，换句话说，360手机刚问世就与小米站在同一条起跑线上，这是百度、盛大等同行无法享受的待遇。当然，小米的关注度也再次提升，如果将此次“口水战”看成两者的双簧或合谋，皆大欢喜的局面堪称完美。

只可惜，360手机后来因为各种原因销售惨淡，周鸿祎也退出了智能手机市场，但是，对于磨砺小米、监督雷军的“义务”，他不会因此而宣告终结。

第四节

小米带活了整个行业

进入2013年，小米面临的竞争更加惨烈，广为流传的“为发烧而生”的宣传语遭遇华为“为退烧而生”口号的直接挑战，针锋相对的竞争考验着小米的智慧和耐心。

2013年7月底，小米以799元的价格推出低端入门机红米，把所有打性价比旗号的竞争对手都远远甩在身后。有人担心红米会拉低小米品牌，雷军却说：“小米手机的目标是做发烧友手机，强调高性能和高性价比。红米的目标是高性价比，主要面对大众用户，设计理念与小米差别很大，因此产品定位和用户群并不相同。红米美誉度好的话，对小米品牌就是促进。”

红米的出现让很多厂商无法安然淡定，华为终端董事长余承东表示：“华为的荣耀手机将从华为中独立出来，荣耀品牌未来将专注电商渠道，省掉30%的传统渠道空间，以初期不赚钱甚至亏损的激进价格，让利给广大消费者。”他还透露即将推出的两款荣耀手机，要比小米和红米手机更有竞争力。

果然，在红米发布5个月之后，2013年12月16日，华为荣耀发布了建立独立品牌之后的第一款荣耀系列手机，随后又相继发布了荣耀3C、3X、X1，甚至4G版，对小米构成全线竞争的重压态势。2014年8月，华为旗下的芯片公司海思正式发布“核芯”——麒麟Kirin920芯片。这款产品不仅支持4K高清视频全解码，也支持LTE Cat6标准，还能延长电池使用时间，可以缓解当前智能手机饱受用户非议的问题——续航能力差。华为荣耀最新旗舰型号荣耀6使用的就是这种芯片，依靠芯片优势在研发速度、设备配置等方面对小米等竞争对手形成冲击。

高性价比一直是小米的最大卖点，许多手机厂商都纷纷发力。例如，中兴推出4G天机GrandSII：5.5英寸大屏幕；1300万像素高清摄像头；搭载骁龙801四核处理器，售价1699元。4G版双卡四核努比亚红牛V5，同样搭载高通芯片，仅售799元。在这样的市场形势下，搭载四核2.5GHz、高通801处理器的小米4的性价比优势并不明显。一直以来，小米手机的期货模式也开始产生市场疲劳，甚至反感情绪，一些抢购未果的观望用户可能会转向其他品牌。

在营销方式上，老牌厂商也开始全面效仿小米。2014年3月18日，在红米Note开抢前一天，联想手机官方微博发布消息：在“乐粉俱乐部”招募“联想天使用户”，将免费发放黄金斗士S8给乐粉体验。联想通过预约和现货的销售，再加上“试用”体验，来提升客户的应用体验。联想有强悍的执行力、全面的运营体系和强势的供应链管理能力，还有雄厚的市场资源和融资能力，对小米亦构成威胁。

面对华为、中兴、联想等老牌厂商的追言，雷军认为，小米和竞争对手最大的区别是，小米对手机的工具性更在乎“发烧”功能，跟他们完全不是一个“流派”。他在微博上反复强调要向老牌厂商学习，与老牌厂商共同进步，而且姿态很高：“华为荣耀也好，其他品牌也好，他们都是打着学小米的旗帜，我觉得这就是小米对社会的贡献，小米带活了整个行业，使消费者能够买到更多又好又便宜的手机。”

竞争的最大价值不是战败对手，而是发展自己，竞争者就是企业的磨刀石，让你越磨越快、越磨越亮，所以雷军说：“欢迎大家跟我们学习，推动整个行业的互联网化，这个互联网化靠小米一家是不足以完成的。我们整体的目标是提供优质的产品、便宜的价格，如果行业全都这样子，这对中国的消费者是大好事，所以我们欢迎更多的华为站起来和我们一起推动行业的变革。我们要学习同行比我们做得好的地方，也是因为我们小米，才推动了华为的变革，这是好事。”

在手机领域，小米改变了整个行业的游戏规则。在电商领域，小米对整个行业发起冲击。2014年4月8日，小米官网上举办的“米粉节”成为继“双11”之后第二个影响力深远的购物狂欢节。小米的最终销售数据显示，24小时内，小米智能手机售出量超过130万台，销售额达15亿元。借此，小米成为业内公认的继天猫、京东之后的第三大电商平台。

与传统电商相比，小米引入了很多新思维。小米网的运营有几个特征：一是它销售的都是具有引爆力的拳头产品，以高性价比提供稀缺价值，引起最大关注；二是在特定时间段集中售卖，往往几分钟就能售罄，这对小米电商的峰值承载能力是一个挑战，对用户的心理也是很大的刺激；三是集中售卖前都会采取提前预约的形式，这成为小米下次售卖的重要依据，保证小米的库存量跟销售量匹配，做到库存积压最小化；四是与传统厂商铺天盖地的巨大广告投入截然不同，小米网通过社交互动的形式集合用户，并传播售卖信息，比如在举办“米粉节”之前，小米对外部的营销投入几乎为零，当天却保有大量的活跃用户。

市场竞争的格局通常可以分为四种类型：市场领先者、挑战者、追随者或补缺者。在过去4年中，小米分饰过以上四种角色，自始至终都以差异化树立领先者形象，而且已经树立领先者地位。只有在各种类型的竞争中经得住前后左右的围追堵截，才能不断地推动小米，持续创新。

更何况，小米已雄心万丈地扬帆起航，开始了国际化征程。2014年2月，红米登陆新加坡，3月，小米3在此地首发。4月，小米启用花费360万美元购买的全球新域名mi.com，其雄心可见一斑。在接下来的几个月，小米将进入马来西亚、印尼、泰国、菲律宾等以华人为主的国家，随后进入俄罗斯、土耳其、巴西、墨西哥、印度等发展中国家，最后才是欧美发达国家。

这条国际化路径的设计思路，源于雷军设定的三个条件：智能手机市场即将抵达临界点、社交网络服务高度成熟、具备良好的电子商务基础设施。至于欧美市场，目前时机未到，雷军信奉“顺势而为”。

第五节

超越自己

按照雷军的战略规划和产业布局，小米未来的真正对手，并非联想、华为、中兴、魅族，甚至不是苹果、三星，而是阿里巴巴、腾讯、百度、360这类互联网巨头。这是一场更为持久而艰巨的竞争，雷军未必有胜算。

其实，在过去的几年中，小米与腾讯已交过手，虽然胜负已分，但前景仍明。

2010年10月，Kik Messager在美国崭露头角，刚诞生不久的小米第一时间嗅到机会，12月，米聊第一版问世。在米聊发布后的一次聚餐中，雷军说过："如果腾讯介入这个领域，那么米聊成功的可能性就会被大大降低，它介入得越早，我们成功的难度越大。"未料想一语成谶，一个月后腾讯就发布了微信，凭借快速反应、高完成度的产品以及无可比拟的互联网推广力量，腾讯后来居上，一年之后微信注册用户量突破3亿，超越所有对手，成为细分市场老大。

2011年5月，因为推出“语音对讲”功能，米聊从一款普通社交软件演变成可以语音交流的对讲机，米聊会员呈倍数增长。**MIUI**、米聊两款软件成为雷军进军移动互联网的重要工具，为小米在移动互联网领域确定了不可动摇的地位。但是，微信推出后，旦夕之间用户数量就过亿，到现在，米聊的用户总量还不到微信的1/10。虽然米聊把握住了先机，但微信厚积薄发，小米在与腾讯的实力较量中算是完败。

雷军并未气馁，反而受益良多：“米聊输给腾讯微信是情理之中的，创业型公司能在与腾讯正面竞争中生存已经创造了奇迹。没有跟马总（马化腾）竞争可能不知道腾讯有多强大，竞争完以后，才能深切地体会到腾讯是中国互联网企业最具竞争力的，反应速度最快的。”他认为，小米在最初做米聊的时候预计腾讯推出类似的产品至少需要六个月，没想到腾讯两个月就推出了微信，反应非常快速。无论从哪个角度看，小米就像是一个稚嫩的孩童，虽然小心翼翼，但一不小心还是会跌倒，而腾讯则像是一个成熟的中年人，它有着丰富的经验和阅历，自然能走得更加稳健。

米聊产品的定位在摇摆很久之后才确定，而微信自推出之日起定位就很明确：微信要做QQ在移动平台上的延伸，定位在“通信+交友”上。因此，在米聊纠结要不要加入陌生人交友功能时，微信已经推出摇一摇、漂流瓶等交友功能。

在米聊爆发增长期，由于后台架构无法支撑用户数量的激增，小米曾经历服务器一天宕机5次的窘境，频繁掉线引起用户反感。而同样的问题腾讯却很快就解决了，甚至让用户觉察不到。“米聊刚推出时，团队只有几个人，后来发现工作量、难度比想象中高很多，涉及互联互通、省电、省流量等问题，在此基础上考虑怎么做SNS，”雷军说，“相比之下，微信有海量的资源，它有QQ关系链，有几百人的研发队伍。”

雷军经常向米聊团队强调：每天都要想三个问题，什么东西是腾讯做不了的？什么东西是腾讯不能做的？什么东西是腾讯不想做的？对于米聊的未来，雷军做好了打持久战的准备：“我们真的把它做得非常精致，我相信还有一帮小米的粉丝会使用米聊。”雷军在等着小米手机覆盖到一定的数量，那时候，战争又会重新开始。

同米聊不一样，小米盒子前期的受挫源自体制限制。2012年，小米高调宣布要以智能手机为跳板介入硬件市场，进入家庭娱乐领域，之后通过并购、融资等闪转腾挪小米盒子，可面世后却很难推行，因为广电总局对互联网电视有严格规定，只对7家公司发放互联网电视牌照，只有持牌企业才有权在互联网电视端发布内容。小米被挡在门外，无缘饕餮盛宴，只得无奈宣布：暂停视频内容服务。其实，与米聊一样，小米盒子以及小米电视的竞争对手并非传统家电厂商，而是百度、阿里巴巴、腾讯三大巨头，尽管直面搏击的是被他们收购的系列视频网站。外界评价，这是雷军创办小米以来遭遇的最大失败。

虽然以此谈论雷军失败为时尚早，也并不客观，但并不妨碍解读他对待成功失败的态度。雷军曾说过一句充满励志意味的话："只有死过三次的公司才算真正成功，烧不死的鸟才是凤凰。"而对于成功，他也有独到的见解："成功是不可以复制的，做自己喜欢做的事情，就一定会成功。"

以互联网思维做手机是雷军喜欢做的事情，甚至被他定义为"人生中最后一件事情"，以他"不死鸟"的精神，终将实现理想。经历过成败起落，雷军固然追求成功的结果，但更享受过程。他说："每个人眼里的成功都不一样。我认为，成功不是别人觉得你成功就是成功，成功是一种内心深处的自我感受。我不认为自己是成功者，也不认为自己是失败者，我只是在追求内心的一些东西，在路上！"

小米还在路上，还要花好几年时间做产品。雷军也还在路上，他的竞争对手其实是他自己，他要实现的成功，就是超越自己。